小学英语课堂教学理论与实践研究

彭 冲 著

吉林摄影出版社
·长春·

图书在版编目(CIP)数据

小学英语课堂教学理论与实践研究/彭冲著.--长春:吉林摄影出版社,2023.6
ISBN 978-7-5498-5870-5

Ⅰ．①小… Ⅱ．①彭… Ⅲ．①英语课－课堂教学－教学研究－小学 Ⅳ．①G623.312

中国国家版本馆 CIP 数据核字(2023)第 123364 号

小学英语课堂教学理论与实践研究
XIAOXUE YINGYU KETANG JIAOXUE LILUN YU SHIJIAN YANJIU

| 著　　　者:彭　冲
| 出 版 人:车　强
| 责任编辑:罗　晗
| 封面设计:刘　芸
| 开　　　本:787mm×1092mm　1/16
| 字　　　数:193 千字
| 印　　　张:9.5
| 版　　　次:2024 年 1 月第 1 版
| 印　　　次:2024 年 1 月第 1 次印刷

出　　版:吉林摄影出版社
发　　行:吉林摄影出版社
地　　址:长春市净月高新技术产业开发区福祉大路 5788 号
　　　　　邮编:130118
电　　话:总编办:0431－81629821
　　　　　发行科:0431－81629829
印　　刷:北京银祥印刷有限公司

ISBN 978-7-5498-5870-5　　　　定　价:48.00 元

版权所有　　侵权必究

【前　言】

　　教育的本体是教学成人。教学成人是基于教师和学生的主体性而形成的一种特定的教育关系。从内涵上看,教学成人不仅包括知识的获得、技能的形成,更包括个体文化意识、社会意识和自然意识的生成。从实现途径上看,教学成人实现于一切教育活动的过程中,更是一切教育活动的旨归。课程作为学校教育活动的基本内容,无疑成为实现教学成人目标的基本途径。

　　小学教育是我国义务教育第一阶段,是一个全民性、义务性、综合性、全面性的教育,是国家和民族生存和发展的基础,是学生个体发展和社会生活的基础,是儿童身体成长、知识掌握、道德发展的启蒙阶段。小学教育旨在打好小学生一辈子有真实明确人生观的根基,赋予其生命最基本的内涵,给予其最初的生活体验,为促进儿童成为具有良好素质、健康人格的人打下基础、同时培养与弘扬人的主体性和创造性。小学教学是小学教育的重要组成部分,对学生成长与发展具有重大作用,研究小学教学的历史演进与现代新发展将有助于更科学地培养人才,促进小学生的发展。

　　本书是小学英语课堂教学理论与实践研究方向的著作,本书从英语课堂教学概述介绍入手,针对英语课堂教学的体系与理论、思维与体验、思维能力培养、方法与模式进行了分析研究;另外对小学英语教学设计、小学英语课堂教学技能做了一定的介绍;还剖析了小学英语课堂音乐、艺术与游戏、分级阅读、词汇教学等内容;旨在摸索出一条适合现代小学英语课堂教学的科学道路,帮助其工作者在应用中少走弯路,运用科学方法,提高教学与学习效率。对小学英语课堂教学理论与实践研究有一定的借鉴意义。

　　在编写本书的过程中,笔者查阅和借鉴了大量的相关资料,在此向其作者表示诚挚的感谢。此外,本书在编写的过程中,也得到了相关专家和同行的支持与帮助,在此一并致谢。由于作者水平有限,加之时间仓促,书中难免出现纰漏,敬请广大读者批评指正。

【目 录】

第一章 英语课堂教学概述 ·· 1
第一节 英语课堂教学的思维与体验 ······································ 1
第二节 英语课堂教学中的思维能力培养 ································· 3
第三节 英语课堂教学的方法与模式 ···································· 17

第二章 小学英语教学设计 ··· 25
第一节 小学英语教学设计的基本概念及特点 ······················ 25
第二节 小学英语教学设计的理论依据 ································· 28
第三节 小学英语教学设计的过程 ······································ 35
第四节 小学英语教学设计的内容及其方法 ························· 38

第三章 小学英语课堂教学技能 ·· 45
第一节 小学英语课堂导入与教学组织技能 ························ 45
第二节 小学英语课堂板书与提问技能 ······························· 50
第三节 小学英语课堂纠错、复习与操练技能 ···················· 55
第四节 小学英语课堂练习、巩固与教学结尾技能 ············· 60

第四章 小学英语课堂音乐、艺术与游戏教学法 ···················· 69
第一节 小学英语音乐教学法 ··· 69
第二节 小学英语艺术教学法 ··· 74
第三节 小学英语游戏教学法 ··· 81

第五章 小学英语课堂分级阅读教学 ···································· 89
第一节 分级阅读教学管理的理论建构 ······························· 89
第二节 完善分级阅读教学的管理路径 ······························· 98

第六章　小学英语课堂词汇教学 …………………………………………… 113
第一节　基于主题语境小学英语词汇教学概述 ………………………… 113
第二节　基于主题语境小学英语词汇教学的实践策略 ………………… 119
第三节　教育生态学视角下小学英语词汇教学理论 …………………… 126
第四节　教育生态学视角下小学英语词汇教学的实践策略 …………… 134

参考文献 …………………………………………………………………… 143

第一章　英语课堂教学概述

第一节　英语课堂教学的思维与体验

　　思维是课堂教学的灵魂，无论是教师设问、学生自问、合作讨论、质疑等，都必须围绕这个中心来开展，而评价这些活动的标准就是学生思维的质量。

　　体验是学生领悟知识、实践知识的桥梁，每个学生都可以根据自己的体验，用自己的思维方式自由开放地去探索、发现和创新。教师要想方设法使学生真正参与到课堂活动中来，从而提高他们思维的质量，让学生在体验中掌握知识，培养学生的学习能力。

一、善于等待，学会"留白"

　　很多英语课堂有一个普遍的教学现象：老师害怕课堂气氛太冷清，所以就不由自主地消除教学过程中的留白，安排了一些"无缝对接"式的问答，以维持课堂热烈的气氛。其实，课堂这种伶牙俐齿下的"无缝对接"并没有起到积极作用。画家作画都会"留白"，因为空白不仅使画面有张有弛，而且会使作品给人留下自由想象的空间。课堂教学也是如此，教师有意识地留白与等待不仅可以调节课堂的气氛，而且会给学生一个思考的时间，表面的停滞可以促使学生迅速思考。

　　对于英语教学中的一些语法知识及一些语言结构的运用，仅凭老师的讲解，学生被动接受是很难取得成效的，教师需要鼓励学生去主动地参与思考并提高思维的质量，体验、感悟与领会，促使学生主动地探求知识，创造性地运用知识。在教学过程中，可以首先列举一些例句，要求学生通过它们的中文意思来体会这些句子中词汇的作用，然后问几个问题：这种句型还可以转换成哪种句型？是否可以与其他句型进行转换？可以给学生几分钟的时间思考后再征集答案，让学生有充足的时间多角度地思考问题，从而使学生能给出独特新颖的回答。

二、精心设计英语实践活动

　　语言是一种交际工具。英语课堂教学要遵循语言学习规律，以学生为中心，以学生自主体验为基础。在实际操作中，教师应精心设计开放性活动，为学生搭建语言运用的舞台，将新旧知识运用到不同的语言场景中，使学生亲身体验、自主探究，并不断扩充自己的语言信息量,达到真实、灵活运用语言,探索实践语言的目的。

三、根据实际情况,创造良好的语言环境

语言环境是人类学习语言的重要条件,而现实生活中学生学习英语很难有良好的语言环境,这就要求英语教师在课堂上经常设置贴近现实生活的语言情境,让学生进入真实语言环境中,进行体验式学习,启迪学生的思维。

(一)课堂导入营造情境

课堂导入是教授新课的序曲,课前3~5分钟是学生由心理准备进入角色的时刻,是营造课堂气氛、引起学生兴致的关键,也是学生练习听说的一次机会。因此,可以以"Free talk""值日报告""讲故事""Talk about a topic"等来开始新课;也可以让学生朗读一篇短文,并向其他学生提问来检测听的效果,最后根据朗读标准给予打分,并提出改进措施。这样既锻炼了学生的听说能力,又为下一步语言学习奠定了基础。

(二)实物演示情境

利用实物教学,既可节约大量课堂教学时间,又可让学生运用多种感官接收语言信息。学生通过观看实物演示、聆听教师的语言表述、看黑板上的例句进行归纳思维,可以很容易地掌握被动语态的语法结构。

(三)语言描述情境

对于某些难以用实物演示的情境,可利用语言进行简洁易懂的描述,并配上表情、手势、做到绘声绘色,使学生进入情境。如在教"have to do"句型时可以提供一些语言情境。在语境中,学生很容易理解"have to"的确切含义,再通过一些上下文情境的练习,学生就会很自然地学会它的用法。

(四)善于捕捉机会,利用当时的语言情境

在教学中不时会出现一些意想不到的教学偶然事件,而这些事件能为教学提供现成的语言情境。例如,当老师正在上课时,一位迟到的学生走了进来,老师即可抓住这个时机,创造一次机会让这位学生体验语言在具体的语境中的运用,如可以让他用英语解释迟到原因,让学生在体验中学习语言。

(五)充分发挥多媒体的辅助教学功能

随着科技的发展和现代教育的要求,现代化的教学手段能使课堂教学生动、形象,富有感染力,能使学生在兴趣盎然的情景中接受知识。因此,恰当、有效地运用现代教育技术手段能激发学生的学习兴趣和内部参与动机,能使不同水平、不同层次的学生都参与到课堂教学中,增强课堂教学的效果。

四、发挥评价的激励机制,让学生体验成功

"教师要带上放大镜去发掘学生身上的闪光点,及时进行表扬、鼓励,要让每一位学生有

成就感。"教师一方面要学会在适当的时机利用艺术化的激励语言对学生进行表扬与激励，另一方面还可以利用面部表情的互动去激励学生。对没有信心不敢发言的学生，教师可以用眼神表现出热盼与期待；对回答问题过程中卡壳的学生，教师的眼神可以给他启示与鼓励。当来不及用语言评价或无须用语言评价时，教师的一个微笑的眼神，就会给学生带来成就感。

总之，教师在英语教学过程中要时时反思自己，是否真正地让学生参与到了课堂活动中来，是否真正地让学生参与了思维训练，是否让学生在体验中掌握了知识，提高了学习能力。只有这样，才能让思维与体验同行，取得理想的教学效果。

第二节 英语课堂教学中的思维能力培养

一、英语课堂教学与创新思维

(一)创新思维对于英语教学的作用

学生学习英语的过程绝对不是简单的知识积累，而是要通过对知识的消化掌握，形成和纳入自己的知识体系，并熟练进行运用。这就要求在英语教学中主要培养学生的创新思维能力，注意运用各种创新思维的教学方法。运用创新思维的教学方法可以培养学生的创造性思维，强化学生在听课过程中的反思意识，建立和谐互动的师生关系，营造创新求索的教学氛围；同时运用创新思维还可以激发学生学习的主体意识，培养学生自主学习的能力，使学生加深对知识的理解和运用。

(二)创新思维在英语教学中的运用

1. 发散思维在英语教学中的运用

发散思维又被称为"多项思维"，是创新思维的一种类型，也是创新思维的核心内容。发散思维就是通过想象和联想发现事物的新领域、新方法、新观点。因此，教师要在英语教学中运用发散性思维，可以通过设计一些适宜发散思维的多媒体课件，设计一问多答、举一反三等的问题。例如，在学习了"pay attention to"这个词组之后，教师可以让学生进行发散性的思考：还有哪些词组可以代替这个词组？有些学生会举出"focus on"，有些学生会举出"aim at"等，然后老师可以进一步提问这些词句的具体区别。又如，在学习了"salary"这个词之后，教师可以让学生比较"income、salary、wage、pay"等词的词义区别，鼓励大家发散性地思考问题，教师还可以让学生尝试着用学过的词语去解释新学的生词，加深学生对新知识的理解。

通过发散性思维在英语教学中的运用，可以使学生克服静止孤立思考问题的习惯，克服思维定式的消极影响，从而提高学生运用英语的能力。

2. 求异思维在英语教学中的运用

所谓求异思维,就是从同一材料中探求不同答案的思维,在课堂学习中可以要求学生用不同的语言表达同一内容,用不同的方法解答同一问题,从不同的角度分析同一人物形象,用不同的观念阐述同一作品的主题等,这些都是训练求异思维的方法。

求同思维适用于学生学习的共性因素,而求异思维则更容易适合于学生的个性心理差异,使学生更深入细致、灵活变通地掌握知识和解决实际问题。在英语教学中要主要运用求异思维,这是因为学生正处于心理、生理发育的最快时期,他们好奇心强,求知欲旺盛,喜欢求新存异,有一定叛逆的特征。这些都是在英语教学中运用求异思维的基础,英语教师在进行教学时,要抓住学生的这些特点,鼓励学生对问题发表自己的看法,激发学生的求异思维。

3. 创意思维在英语教学中的运用

所谓创意思维,就是通过视觉和感觉神经将记录下来的信息储存,然后将不同信息进行分类消化溶解到本体思维中,而当新信息涌入时,本体思维就会迅速对新信息进行逻辑判断,使本体思维在不断地注入新信息的同时产生变化,从而形成新思维的一个过程。在英语教学中运用创意思维,可以充分地借助现代信息技术和多媒体技术等教辅手段,设计多媒体教学课件,让学生对学习的内容有直接的感官认识。在使用多媒体课件进行英语教学时,要力求课件能够达到使学生的形象思维转化为抽象思维,由感性认识上升为理性认识的作用。同时,教师要在教学中对学生进行指导,让学生对学习的材料有充分的认知,同时把要教授的知识点融入课件之中,在学生观看的过程中,对其进行引导和启发,加强与学生的互动沟通。

4. 逆向思维在英语教学中的运用

逆向思维是对司空见惯的似乎已成定论的事物或观点反过来思考的一种思维方式,这种思维敢于"反其道而思之",让思维向对立面的方向发展,从问题的相反面深入地进行探索,树立新思想,创立新形象。当大家都朝着一个固定的思维方向思考问题时,可以朝相反的方向思索,这样的思维方式就叫"逆向思维"。

在英语教学中运用逆向思维,就必须要求教师解放思想,敢于突破原有的一些思维定式。比如,在教学中,教师不一定要严格按照大纲规定的教学进程,教师完全可以按照自己的教学思路,在确保学生可以接受的情况下,从有利于教学开展的单元开始教学。又如,新一轮基础教育课程改革后,教学的内容分为必修和选修两个部分,必修的内容不一定要花较多的课时进行学习,选修的单元也可以相对多花时间进行学习。

综上所述,英语教学中创新思维的运用对于培养学生的创新思维能力、激发学生学习的主体意识、建立良好的学习氛围和师生关系具有重要的作用。因此,教师应注重多角度、全方位设计各种问题,激发学生的发散、求异、创意、逆向等思维,从而使学生对学习的知识由感性认识上升到理性认识,充分发挥学生在英语教学中的主体性作用,让学生根据所学的知识去创造、去探索,教师则要在学生创新、创造的过程中给予其必要的启发与指导,从而进一步增强他们学习和运用英语的能力。

(三)创新思维运用的方法

创新教育是对教育质量的巩固和深入,它强调在教学中老师应该把学生当作教学的主体,教师运用启发式教学方法组织各种活动培养学生独立思考、自我创新的能力。为了培养学生的创新思维,必须把创新思维运用到英语教学中。怎样把创新思维运用到课堂上？这个问题就变成了所有从事英语教育工作者思考的问题,我们可以从以下几点着手考虑。

1. 研究教材,按自己的计划发展学生的创造性

例如,在"问路"这一课,教师不但要帮助学生记忆一些有关句子的问与答,而且要给他们创设一些生活情境,如学生知道路,但表达不清时应该怎么办？或者他们不知道路,但还想帮助一个陌生人时,又该怎么办？然后帮助他们学习并运用到实际生活中去。

2. 教学的组织

以前,教师在课堂上只讲知识,然后学生课后记忆,对大多数学生来说,他们在课堂上记不住,因此课后就必须花费许多时间,但是效果不是很好。在课堂上运用创新思维后,教师可以找一些方法帮助学生当堂记忆。比如,当教师教一个动词时,学生表演一下这个动作,其他学生猜,然后集体拼读,或者让学生讨论课文内容并提问如果他们是作者,他们在课文中会写些什么,这样他们就会有学习的欲望。

3. 设计问题的艺术

它能使课堂变得轻松,能激发和帮助学生学习以及与老师合作,设计问题必须根据不同水平的学生设计不同层次的问题。问题必须要有意义而且有趣味性。

4. 家庭作业的布置

教师应该让学生有更多的选择,提供一些不同层次的作业,让学生选择,如果能完成得很好或使他们感觉有趣,他们就会进步。例如,以《项链》这一课为例,教师可以布置三个作业:第一,设想一下,玛蒂尔德知道事情的真相后她会怎样？就此让他们另外写一个故事。第二,把这个故事用自己的话讲给同学或朋友,并说出从中学到了什么。第三,根据课文内容,用自己的话回答问题,如"玛蒂尔德是怎样借项链的?""她又是怎么丢的?"等。然后学生们可以有选择地完成作业。除了在课堂上用这些方法外,在课后也有一些方法,如自学,教师可以给学生推荐一些英文小说让他们读,然后写出自己的读后感；组织英语角,或者给一些话题让他们讨论,然后他们就会自己思考并与别人讨论或者给他们一些他们感兴趣的学习材料,让他们阅读、记忆并讨论。在功课方面,他们必须思考、想象,这样不仅能够让他们学到知识,还能使其思考自己的生活、未来。

为了成功地把创新思维运用到英语教学中,必须对教师提出一些要求。传统教学的主要目的是帮助学生学习前人积累下来的知识经验,然后让学生运用这些方法来处理类似的

事情,教师是照搬知识的人。但在现代信息社会,对一个人来说最重要的是创新,教师必须知道怎样培养学生用创新的方法来处理问题的能力,因此对教师有了更多的要求,包括以下两点。

(1)转变教学观念

教师应使学生具备转变旧观念、接受新观念、创造新理念的能力。当知识老化的时候,教师能够自觉学习新知识。因此,转变观念非常重要。英语教师必须接受英语的变化,更多地注重听和说,因此在学习英语时,应多练习口语和听力,不能只是照搬语法。

(2)形成现代教育理念

蔡元培曾经说过:"教育不是为了过去和现在,而是为了未来。"现代社会是一个信息高度发达的社会,教师应有现代的教育理念,了解社会对学生的需求,了解创造性教育、个性教育,只有这样才能成为一个优秀教师。

世界在飞速地发展,如果没有创新精神,就跟不上时代潮流。英语是交流的一个重要工具,如果不精通英语,就不能向别人学习。学生是国家的未来,对他们来说,学校是学习英语的重要场所,因此教师必须要不断学习,不断发展,关心国家,关心学生。只有把创新思维运用到教育中,才能真正做到"教育面向现代化,面向世界,面向未来"。

二、英语课堂教学思维与其他学科思维的融合

(一)模仿思维与英语教学

1.模仿思维在英语教学中的运用

英语教学的目的是使学生掌握一定的英语基础知识,培养学生在实际交际中熟练运用英语的能力。因此,应该在教学中改变以教师为中心,偏重语法结构的分析、讲解及机械的句型练习的教学模式,采取以学生为中心的模式,指导学生多模仿英美原声,让学生体验纯正英美发音和地道的语音语调,最后升华内化为学生自己的特色。

人类从出生到咿呀学语,从幼童到长大成人,可以说在人生的每个阶段都离不开模仿。这是因为模仿是人类学会做事情的主要方法,是一个人在学习过程中必然经历的阶段。

古希腊的著名哲学家德谟克利特曾说过:"在许多重要的事情上,我们是从模仿动物开始的。从蜘蛛身上,我们学会了织布和缝补;从燕子身上,我们学会了造房子;从天鹅和黄莺等歌唱的鸟身上,我们学会了唱歌。"

"模仿"一词在词典上的解释为"照某种现成的样子学着做"。可以说,模仿就是人的一种本能。那么,如何提高学生的英语口语水平,使他们的发音、语气、语调都地道纯正呢?模仿英美原声就是一个不错的选择,模仿时可以尝试以下方法。

(1)多听多读,知识输入

听读是人的大脑对知识输入的过程。如果学生能够经常大声朗读英语,就能够促进其

记忆力,有助于其英语学习水平的提高。同时,英文是典型的拼音文字,与汉语大不相同。为了更好地提高朗读效果,学生在朗读前一定要多听几遍,然后试着模仿,逐渐培养自己的语感。而要想有较大收获,就必须做到每天坚持听读,这也符合语言学科的特点。

(2)大胆开口,知识输出

学生还要多讲多说。因为开口讲话正是语言的输出,只有语言的输出足够多,才能真正学会一门语言。作为英语教师,应尽可能多地为学生创造机会,让学生开口说英语,要让学生克服怕说错、怕丢人的心理障碍,让学生不仅能在课堂上大胆地用英语交流,在课余时间也能大胆地用英语相互交谈。

教师可以在班级尝试性搞英语角,每期给学生一个主题,任凭学生自己发挥,说错不要紧,只是为了锻炼学生开口说英语的胆量。这可以大大激发学生学英语的积极性,使学生对英语学习产生极为浓厚的兴趣,提高学生口语交际能力。

(3)扮演角色,兴趣推动

兴趣是引导学生学习的最好的老师。兴趣导航,事半功倍。教学中,教师可以尝试性地让学生进行角色扮演的游戏,为他们创设最真实的语言环境,让学生能够灵活运用所学语言处理实际问题。

著名学者张冰姿教授曾说过:"很多人想去国外留学,以为只有到外国才能把英语学好。其实不然。我的基本功都是在中国学习的。我第一次去英国已经57岁了,演讲完毕,掌声雷动。不久,我就被邀请到BBC当播音员。我的英语学习经验就是在中国跟着唱片学,一篇课文至少模仿300遍,说完争取跟英国人一模一样。我的学生刚学完16篇课文,就可以去广交会当翻译,听口音外国人都以为他们是刚留学回来。出国不过是多了一个应用环境,你讲得不好,人家一样当你是外人。"

张教授的话告诉我们,即便不在讲英语的国家生活,照样能够说出一口地道流利的英语,关键看是否下功夫模仿。

2.模仿时需要注意的事项

(1)选择正确清晰的英美原文

利用软件的跟读功能训练自己正确的语音语调,提高流利程度,培养英语语感,这是模仿的必要手段。教师在指导学生选择听力材料时需十分谨慎,为学生把好关,免得学生把宝贵的时间、精力浪费在模仿错误的材料上。

(2)大声模仿,注意总结

大声模仿,这点特别关键。模仿英美原文时一定要大大方方,清清楚楚,注意指导学生口型要到位。当然,学生刚开始模仿不可能像外国人说得那样流利,此时应指导学生把语速放慢,慢速模仿。只有发音到位,口腔打开,音发准了以后,才可以逐渐加快速度,并逐渐采用中速和快速,直到最后脱口而出流利的口语。

(3)反复、仔细模仿,最后升华内化

英美原声的英语固然优美,但那不是一朝一夕就能够达到的,模仿时一定要有耐心、恒心和信心。模仿的练习必须反复进行,只有不厌其烦地重复模仿,才能达到量的积累,从而实现质的飞跃。但反复、重复的操练和模仿并不等同于机械地让学生做一些无用功。仔细透析一下便发现,学生在重复模仿的过程中,多多少少都增加了思考,他们在这一过程中,实际上会形成对发音规则的潜意识,最后经过不断由强化训练到自觉练习,久而久之就会内化为自己的发音风格。

实践证明,模仿英美原声在英语口语教学中的作用日益凸显。模仿不但刺激了学生的积极性,而且能够真正地提高学生的英语口语水平,从而让学生在学习英语的道路上形成良性循环。英语教师也在指导学生进行英美原声的模仿训练中掌握了技巧和经验,从而促进了教师自身业务水平的提高。可见,模仿的充分应用和正确应用能实现教师在英语教学中的双赢。

3.英语教学中的模仿教学

(1)模仿教学的理论基础

众所周知,模仿是人的生物学本能之一,是人类获取各种技能的有效手段。通过模仿,各种信息得以最直接的传递和接收,从而使知识的获取、技能的习得在自然而然中得以实现。在英语教学中,教师若能科学有效地运用好这一手段,不但会缓解初学者对英语的陌生感、晦涩感,而且可以在潜移默化中培养学生对英语的兴趣,使学生从感性认识的层面认同和接纳英语,实现英语教学的良性、可持续发展。现代教育理论认为,模仿教学的理论基础是模因理论。模因理论是基于达尔文进化论的观点解释文化进化规律的新理论,该理论的核心是模因。关于模因的定义,有两个形成阶段:前期被认为是文化模仿单位,其表现为曲调旋律、想法思潮、时髦用语、时尚服饰、搭屋建房、器具制造等模式;后期的模因被看作大脑里的信息单位,是存在于大脑中的一个复制因子。模因从词源上来自表示"模仿"的希腊词语"mimeme"。在牛津英语词典中,模因的定义是文化的基本单位,通过非遗传的方式,特别是模仿而得到传播。可见,模因复制的基本特征是模仿,它因模仿传播而生存,语言是它的载体之一。从模因论的角度看,语言模因揭示了话语流传和语言传播的规律。语言本身既是一种模因,也是模因传播的载体,它的功能在于传播模因。模因理论为语言演变引入了信息复制的观点,也为英语教学提供了一种新的研究思路,启发教师在英语教学中可以借助模因复制和传播的方式有效地引导学生进行模仿和套用,提高语言的实际运用能力。

(2)模仿教学的现实意义

英语教学,尤其是初中阶段的英语教学,由于该阶段学生的英语知识、英语能力尚处于最初级的水平,语言材料中能激起学生学习欲望的知识信息相对较少,而此时的学习障碍却有很多,所以该阶段的英语教学若不能通过各种手段激发、调动学生的积极性,引导他们进行能动的、有效的学习,学生的学习障碍就会与日俱增,久而久之就会导致其学习兴趣的减弱甚至丧失。反之,如果抓住学生模仿能力强、可塑造性强的特点,在教学中进行大量的语言输入,并通过适时适度的模仿教学培养学生的语感,消除学生的学习障碍,使其从英语学习中获得学习的快乐、成功的体验,则可使英语教学步入良性循环的轨道。

(3)模仿教学的分类

模仿教学是多方面的,按照模仿的不同内容可分为对语音的模仿、对形态的模仿以及对语意的模仿。

第一,对语音的模仿。语言学科最主要的信息是声音。对语音的模仿包括模仿语音、模仿语调、模仿语速和语气以及模仿声音的节奏。基于此,教学重点就是语音的听说读到模仿训练。听音练耳,学腔模调,鼓励学生积极参与,大胆表达,侧重提高他们对语言的感受和初步用英语进行听、说、唱、演的能力。学生的语言表达能力总是在模仿、使用中提高的。因此,正确地学好发音对学生学习语言至关重要。

第二,对形态的模仿。口腔是发音的重要表象,无论是单词、句子,还是对话教学,学生都要通过口腔进行语音操练,用身体来表达的意思是非常丰富的。教师在教学过程当中可以恰当地辅之某些身体动作,使学生在表演的过程当中进行学习,这将会激起他们的学习兴趣和学习热情。因此,结合自己的教学内容,让学生边模仿动作边朗读,尽可能把学生的注意力都集中在教学内容上。课文中涉及动作的内容,除了单纯的朗读、讲解外,教师可以通过让学生进行动作的模仿表演,加强对知识点的理解和记忆。例如,对于"Hands up./Put down your hands./Close the door."这类句型,教师完全可以让学生边做边说边学,学生注意力提高了,兴趣浓厚了,句型也就记住了。再如,在教动词的时候,教师可以找学生到讲台上表演动作,让其他学生来猜,也可以说英语,让他做动作。

第三,对语意的模仿。语意模仿是让学生在教师创造的简明语境中对语言材料的部分内容进行替代、更换的模仿方法,其目的是让学生通过在有意义的情景中模仿,不再跟着老师或录音依样画葫芦,而是进一步理解所模仿材料的意义、用法,强调句子在语义上的功能,在掌握语言材料基本结构的同时,真正明白所模仿的语言表达的意思。按照模仿不同的阶段来划分,模仿可以分为机械性模仿、意义性模仿和创造性模仿三个阶段。在每一个阶段,学生的模仿内容和老师所起的作用是不尽相同的,以下分阶段来谈一谈。

①机械性模仿。机械性模仿是语言模仿的初级形式,也是语言学习的必由之路。机械性模仿主要是通过纯口腔性的操练,帮助学生对新学的知识形成比较稳定的语音形象。例如,在音标教学中,教师大可不必把每一个音标的发音部位、发音方法像体育老师教授体育

动作那样将动作分解、示范、操练、整合，只需控制好教学气氛让他们进行模仿，让其感觉模仿恰似婴儿牙牙学语般新奇有趣，使他们感到模仿也是一个语音信息、语言信息的交流过程，他们就会饶有兴趣地跟着学，只要老师的发音是准确的，学生的发声器官是健全的，模仿的效果就必然是好的。

②意义性模仿。意义性模仿是让学生在有意义的情景中进一步进行替换性模仿，以理解所模仿的语言材料，明白所模仿内容的意思。例如，在学习"there be"句型时，教师可以把不同的东西放在同一地点或把同一个东西放在不同地点，让学生在预设的情景中进行替换性模仿，组织能够表达一定意思的句子，相互之间进行问答练习，从而更好地理解所学句型的意义。

③创造性模仿。创造性模仿是模仿学习中的最高层次。创造性模仿是指在机械性模仿和意义性模仿的基础上，将模仿而得的语言内化为学生自己的语言，并在新的情景中进行新的选择和组合，创造性地运用模仿前期所获得的语言知识，让语言在新的情景中为真正的交流和表达服务。

创造性模仿的一大特点是，此时的模仿已不再是原模仿语言的简单再现。它要求学生在新的语境中，对所学的语言材料进行选择，组合成符合新情景的新内容。它需要经过思维、想象、创造性地运用模仿前期所获得的语言知识，将模仿到的结构重新组合成新的结构，在新的情景中自由发挥和表达自己的思想和感情。例如，在学习了如何谈论天气之后，教师可以让学生自由组合成小组来做调查，用"What's the weather like today./What's the weather like in your hometown?"等句型进行问答，了解有关的天气信息。这样一来，既促进了知识的迁移，又促进了学生思维尤其是创造性思维能力的发展。

总而言之，模仿作为一种教学手段，既是英语教学的必由之路，也是学习英语的一种途径，持之以恒地引导学生进行科学有效的模仿是大有裨益的。

（二）艺术思维在英语教学中的作用

随着经济的发展和社会的进步，人们对物质文化生活水平的要求不断提高。人们不再满足于一般的物质需求，而是会追求更高的文化生活和艺术的享受。社会对艺术人才的需求从而加大了，加上多年来的高校扩招，大批艺术类学生涌入高校，这对高等教育提出了更高的要求。同时，艺术人才参与国际竞争与交流也越来越成为必要，而英语是艺术人才进入国际平台的基础条件。它不仅是实用的交流工具，也是艺术人才自身素质和层次的重要体现。因此，艺术类学生的英语教师应充分认识到英语教学对培养艺术人才综合素质的重要作用，进而研究影响此类学生学习英语的因素及教学对策。

艺术类专业学生在学习英语的过程中会不自觉地受到艺术思维方式的影响，艺术思维方式在他们英语知识的学习和语言交际能力的培养上起着引导作用。艺术类专业学生作为学生中的一个特殊群体,其艺术思维方式特点使其在英语学习中存在着群体差异和特殊的心理倾向。

根据思维任务的性质、内容和解决问题的方法的不同,思维可以分为直观动作思维、形象思维和逻辑思维。形象思维是指人们利用头脑中的具体形象(表象)来解决问题,表象的主要特征是直观性。直观的形象为概念的形成提供了感性基础,并有利于对事物进行概括的认识,促进问题的解决。艺术家、作家、导演、设计师等更多地运用形象思维。艺术思维的特点有以下几点。

1. 艺术思维的第一个重要特点是形象性

《思维方式与社会发展》一书中提到,艺术思维是直观类思维方式的一种,是与形象思维有直接关联性的特殊思维方式。在艺术思维活动中,思维的对象并不是抽象的概念和命题,而是具体、直观、形象化了的东西。因此,在英语学习中,艺术类专业学生会趋向喜欢形象的东西,如更多地关注老师的体态和姿势,希望老师能借助音调、节奏、手势语、体态语等生动的形象语言来授课,或是喜欢有插图的教科书。

对此,艺术类学生的英语教师应努力使教学过程形象化。形象化的英语教学首先应遵循模仿原则。语言是人们在长时间的实践中形成的认同符号,孩子学语言是一个模仿的过程。他们每天模仿父母、周围的人、电视中的话语等一切可以模仿的东西,并且模仿得越来越像。然后,他们渐渐停止了模仿,并且逐渐形成融合自己个性特征的语言方式。模仿是学习英语的基础,创新源于模仿。作为英语学习者,必须模仿已有的东西。只有通过模仿,真正掌握了英语的灵魂、精髓之后,才能形成自己的语言风格。

艺术类学生对语言的模仿就是对具体直观的形象的模仿,这种直观的形象反过来也就要具有艺术性。这要求教师能通过优美的板书、得体的教态、幽默的语言和机智的课堂表现,向学生展示其人格魅力和艺术修养,借此对他们进行潜移默化的影响。在教学过程当中,教师可利用简笔画、英文歌曲、英语绕口令和短剧表演等表现形式来增添教学的艺术性,使学生获得足够的审美体验。教师还要注意对课堂教学的调控,使其富于变化,有高潮、过渡,交替自然,难易适中。一堂好的英语课就像一首美妙的乐曲,应该是跌宕起伏、动静结合的,既有酣畅淋漓的热烈感受,也有恬静安详的轻松氛围。

2. "想象性"与"非逻辑性"是艺术思维的另一个特点

在艺术思维中,主体总是"浮想联翩",脑海中自始至终都不断地进行着较清晰、较具体的形象思维活动,表现为一个创造性的综合想象过程。这一思维过程打破了"逻辑思维"的常规性和有序性。因此,艺术类专业学生在英语学习中倾向于能具体想象的人和物,如生活中的一个故事、一段情节、一个场景、一段旋律等。因此,教师可以结合授课内容适当选择有利于构造明确、具体形象的辅助材料,并且采用学生较熟悉、易操作的内容或方式来组织具有想象性的课堂活动。例如,让学生想象自己未来的生活状态,看图想象说话、作文,或为某一篇课文设计另外一个结尾等。

另外,教师可以结合生活,扩大学生词汇量。在讲单词的时候教师可以拓展其派生词并联系生活,引起学生的联想。最后,建议学生把英语学习融入课外生活当中,平时多注意观察生活中所接触到的英文单词,如逛街时的英文店名和商标等。这些方法会激发学生的学习热情,提高学生学习的主动性。

3. 艺术思维是感性的

艺术思维是一种渗透着主体浓烈情感因素的思维活动,是一种寓理于情的思维。因此,在英语学习中,艺术类专业学生对充满强烈情感体验的课堂活动会表现出极大的热情。例如,学舞蹈的人听到乐曲会情不自禁地随着节奏摇摆,学音乐的人听到熟悉的音乐会和着唱起来。教师在课堂中可以播放一些能够震撼学生内心情感的英语影片供学生欣赏,或把课文内容改编成戏剧,并由学生担任角色表演,以此激发学生的英语学习热情。

很多艺术专业的学生对英语的学习态度是消极的,教师要善于调动班集体的积极情绪,发现学生的长处,善于捕捉学生的每一点进步,并让学生感受到自己的进步,进而坚定学习的信心和决心。教师要善于鼓励,及时反馈,要创造机会(如竞赛、表演、演示等),让学生展示自己的学习成果,使学生体验到一种"成就感"。这种成就感不但可以激发学生进一步学习的信心和决心,而且可以形成英语学习的良性循环。

另外,也可以尝试小组学习,即把大班分成若干自我驱动的小组,在小组中进行合作学习,这是人本主义心理学家倡导的一种学习方式。合作小组由4~6个学生组成,他们由于共同的目的而团结起来,为完成任务,使每个人得到提高而一起学习。小组学习的形式有拼版式、小组调查、角色扮演、学生小组成就分工法、小组讨论等。小组学习使学生能在轻松合作的氛围中学习,发挥团队合作精神,体验集体感、荣誉感和成就感。人们往往把思维活动分为逻辑思维和形象思维,而语言则和逻辑思维密切联系,艺术主要表现为形象思维。艺术类专业学生也具备逻辑思维方式,但由于受到艺术实践的影响,逻辑思维在思维活动中不占主导地位,这恰恰是艺术思维在英语学习中的局限。教师可以从思维方式的差异分析入手,联系语言习得,结合英语教学理论,进而探讨适用于艺术思维的英语教学方法。

(三)让理科思维融入英语教学

随着新一轮基础教育课程改革的实施、英语课堂教学改革的深入,在精彩的英语课堂教学环节中,课堂教学的有效性显得尤为重要。课堂教学有效性的关键就是平时的教学要结合学生实际,让理科思维融入英语教学。

1. 理科思维与英语教学

苏霍姆林斯基说:"真正的学校应当是一个积极思维的王国。"理科是实验性学科,但也有大量的文字笔记需要记忆。而这些笔记则是教科书知识的浓缩、补充和深化，是思维过程的展现与提炼。"看、记、思、展"这一思想既贯穿理科，也适用于英语。

(1)"看"

看实验中的现象。看英语单词构成和句子逻辑，看清构成单词的字母顺序，这点对学生学英语很关键，因此在教学时要提醒学生意识到这一点，主要是看句子逻辑，看清句子成分，即主、谓、宾、状等。

(2)"记"

记实验现象，记方法步骤。对于英语单词，一定得记标准发音，其实熟读便是记。对于句型，同样以读为记。

(3)"思"

思分子构成，想象其空间模型。在英语中则要思各种时态的细微差别，一种时态对应一种标志或暗示。这就需要教师在平时教学中引导学生自己思考总结。

(4)"展"

即拓展。在有机化学中，一种分子结构可以构成几种物质，这就是物理本质上进行化学性质的改变。而在英语中需要怎样的拓展呢？课内英语的基本词汇量其实不多，都是在基本单词的基础上添加"y、ly、d、ing"等一些词缀。类似于这样的词，就可以合并记忆。

2. 英语教学的"同课异构"与回归

所谓同课异构，就是立足教学实际，同课是基础，异构是发展。基础内容是前提，而所采取的教学方法和策略各有不同，运用不同的构思来进行有效教学，这就构成了不同结构的课程。这种全新的理念无疑是提倡运用理科的逻辑性思维创设英语教学环境与流程，让传统的死记硬背式"文"英语变成可灵活掌握的"理"英语。但教学过程往往会受到教师、学生、媒体等诸多因素的影响，因此教师应该综合考虑各种因素，坚持以学生为本，所创设的理科情景要有一定的真实性和现实意义，不仅要注重学生的兴趣，更要注重所创设的教学情景要紧扣教学知识和教学技能。

3."理"性运用现代教学技术

现代教学技术作为一种现代化的教学手段，已被广大教育工作者认可。但是，如果把现代教学技术仍停留在将小黑板换成投影屏幕或电子白板这一层面上，就不能充分发挥现代教学技术的全部功能，也就不能真正体现现代教学技术在教学中的价值。所以，如何更有效地利用现代教学技术很关键。

英语是一门实践性很强的学科，听、说、读、写要一起发展。如同建造房子，单词是砖块，语法是设计图纸，做习题是实际建造，听力和语言表达是完善的装饰功能。教师必须把学生置于运用语言的活动中去感知、分析、理解、操练，从模拟交际到真实交际，以期达到真正掌握英语的目的。所有这一切都必须发挥学生的主观能动性，激发他们的学习兴趣，使其形成良好的学习动机，同时教师要为其创造良好的客观条件。即使是一个好的方法，经常用也就失去了它的魅力。为了激发学生的兴趣，教师应提高知识层次和各项修养，以达到良好的教学效果，拉近师生的距离，让学生在轻松愉快的环境中体会到学习英语的快乐，最终使每个学生都能得到很好的发展。

（四）让多媒体真正融入英语教学

英语教学中使用多媒体辅助教学已成为许多教师的首选。多媒体教学在帮助教师教学的同时，改变着英语课堂的教学模式和教学氛围。这种改变有其积极的一面，也有其负面的影响。要正确发挥多媒体这一先进技术的作用，使其融入日常英语教学中，为教师和学生所用，而不是成为教师和学生的负担。教师能够利用互联网和多媒体更好地丰富教学资源，提高自身专业素养；学生能够利用互联网和多媒体开阔眼界，提高自主学习和合作学习的能力。

多媒体教学为人们提供了更加实时的、广泛的、多视角的资源，在这个互联网和多媒体盛行的时代，英语教学也因它的存在变得生动活泼、丰富多彩。教师和学生可以充分利用这一工具，把枯燥的课堂变得活跃，把现实与课堂拉得更近。英语学习更是可以充分利用网络和多媒体的优势，不仅在课堂上更加自然地接近真实的语言环境，在课余时间也能有针对性地学习，从而提高英语水平。

1. 教师指导学生合理运用互联网进行英语学习

教师可以指导学生多查阅英文网站，浏览新闻报道，了解世界各地正在发生的重大事件，从中学习各个领域（如政治类、经济类、艺术类、体育类等）的重要的词汇表达，指导学生将新闻中常见的词汇分类记录，这样有助于学生词汇量的增加，使其自主学习的能力得到提高。除了浏览各类网站，教师也可以为学生放映一些介绍英语作为母语国家的风土人情、文化艺术等方面的人文科普类的短片，培养学生的跨文化意识，使其对主要英语国家的政治、经济、生活方式、文化信仰等有一个全面的了解和认识。通过对这些内容的学习，学生能够了解世界文化、培养世界意识，也能够通过与中国文化的对比，加深对自己国家文化的理解。另外，教师可以利用网络资源补充一些课本上缺乏的、最地道的英文表达方式，如常见的成语、俗语，交际中常使用的俚语等，使学生的英语学习不再是为了考试题目，而是实实在在用于日常交流。教师应培养学生自主学习的能力，如课前布置一些与课文内容相关的问题，让学生利用网络查找资料，并在课堂上展示，而学生展示的内容实际上是与教师课堂的要点息息相关的。这样不仅锻炼了学生归纳、总结的能力，让他们在学习中学会合作，愿意与他人分享各种学习资源，也能使他们花更少的时间得到更多的资源和知识。教师与学生不再是单纯的教和学，而是相互学习、相互合作的关系，这样的课堂比教师单独讲授更具吸引力。

2. 学生学会运用多媒体网络自主学习

现在的英语课堂教学大多是大班制,学生的英语水平参差不齐,教师要实行所谓的"因材施教"也较困难。而且在课堂时间较短、内容又多时,也只能以教师的讲解为主,学生没有更多的时间消化吸收,互动也少。网络在线学习给学生提供了课堂以外复习的另一课堂。网络课程趣味性强、自主性强、资源丰富,学生可根据自己的课堂学习情况随时自学或复习、预习课文的重难点。课堂上,师生可以在线进行讨论,共同解答疑难问题。这有助于学生养成自主学习的习惯,帮助不同层次的学生选择适合自己的节奏、方法进行自我提高。学生在课余时间可以利用网络对听、说、读、写进行针对性的训练,如下载各种英语有声读物、英语听写训练、英语新闻、英语小说等。

3. 师生网上互动交流

英语论坛能够提供一个轻松、自由的语言氛围,教师可以利用这一点在校园网或其他网站开设"英语学习加油站"。不同于学校中的教学,在这里学生可以聊各种话题,教师也可以提供一些话题供学生思考,学生可以在此积极发表各种见解,在这之前学生必须做好充分准备。不同于学校的面对面交流,学生可以匿名进行,回答没有正确、错误之分,目的是让学生用英语充分表达自己的见解,体现自己的个性。

教师也可以利用这个"加油站"上传一些资料,学生可以根据自己的需要下载查看,学生也可以补充教师的资料库。通过这些互动,拉近师生的距离。网络为课余的师生交流提供了一个更好的平台。

4. 教师应利用网络提高专业水平

作为语言教师,英语教师大多没有国外学习的经历。互联网可以在很多方面帮助英语教师不断提升自我,网络可以为教师提供各种资源,包括备课资源、课堂资源、专业发展资源等。

在目前英语语言环境缺乏的情况下,通过在线收看英语国家的新闻、电视,听英文歌曲、广播等可以弥补语言环境上的不足。在教学方面,各类教研网站为教师提供了交流心得、展示成果的平台。教师可以通过对同行的教学论文的研读,借鉴教学课件、方法、试题精品,丰富自己的教学理论,总结出最适合自己的教学风格和教学方法。对一个教师来说,只有不断地提升自我,才能为学生提供更高质量的教学,才能真正做到为人师表。

三、英语教学中思维模式的培养

(一)英语教学中的模仿训练

在近几年的英语教学中,很多教师开始注重语音模仿训练,让每个学生明白语音在英语学习中的重要地位。

模仿不是机械地重复,而是要求学生注意语音、语调、语气、句子的停顿和节奏的训练,培养学生讲清晰、流利的英语口语的能力。学生在欢乐的氛围中既获得了知识,又不易产生心理疲劳,有效地避免了学生在课堂上注意力不集中的现象。

语音模仿训练在听力教学中也能适当渗透。因为初中课本听力简单,仅仅完成教学任务是不够的。在听力教学中,学生通过听音模仿朗读、听音后复述、边听边写等方法,反复训练,及时纠正发音,不仅对学生起到督促鼓励的作用,还可以有效解决学生朗读、理解课文、语法等方面存在的问题。更重要的是,教师还掌握了学生英语水平的第一手资料,并以此为依据,有针对性地制订各阶段的教学计划和教学安排,这有利于提高课堂效率和教学质量。

(二)英语教学中的创造训练

只有简单的听和说远远达不到学习英语的目的。大量的模仿训练可帮助学生熟练掌握发音及口语的基本技巧,巩固英语基本知识。但是,如果只强调模仿性地说,而忽视创造性的说,很难培养真正的说的能力。

句子是语言交流的基本单位。人们都是以一个个意思完整、符合语法规则的句子来表达思想、交流沟通的。有些学生虽然记忆了几千个单词,储存了很多个句型,但是很多时候却无法将它们重组成恰当的语句,学生缺乏从书面语言向口头语言转换的能力。

要让学生流利地使用英语交谈,首先必须培养他们英语口头造句的能力。课堂上,教师每教一个新单词,都要让学生用这个新单词自由造句,这不仅能帮助学生更好地理解单词的意思,知道这个单词的用法,还能够帮助学生复习学过的句型,同时还能锻炼学生的创造性思维。在造句的过程中,学生自然而然地就掌握了新单词。中学生的思维具有直观性、形象性,同时具有内在的创造性。所以,应尽可能地培养学生思维的灵活性和变通性,发展学生思维的独特性和新颖性,给学生提供发挥创造性思维的机会。这样,学生不仅巩固了句型,还能用学过的单词记忆新的单词。要培养学生的创新能力,教师在教学中也应重视创造。只有具有创新能力的教师才能更好地培养学生的创新能力。

(三)创设良好的英语学习环境

在英语教学中,模仿和创造仅靠课堂教学是远远不够的。因此,教师要想方设法创造英语学习氛围,帮助学生进行深入的练习。教师可以每月组织学生开展一次英语文化周活动,如英语电影配音和情景模拟表演。电影是一个很好的媒介,不仅为学生提供了丰富生动的画面,更重要的是其中地道的英语对话增强了学生对英语语言文化的感性认识,加深了对西方文化的了解。教师可以节选一些比较有趣的精彩电影片段,让学生仔细观看,熟悉材料之后根据画面模仿练习其中的精彩对白。教师在挑选影片时必须考虑学生的认知水平,对白最好简单易懂,词汇不易过难,俚语不宜过多,影片基调也应是积极向上的,这样学生模仿起来才不会产生畏难情绪。有趣好玩的动画片就是很好的选择,如《功夫熊猫》《狮子王》《冰河世纪》等。还可以利用电影进行创造性训练,如教师可以将学生分为几组,然后小组成员讨论组织语言将此片段内容进行简单介绍或复述,这一过程能够很好地培养学生的创造性,让学生在娱乐中获得知识,帮助他们增加对英语国家的了解,增强对文化差异的敏感性,培养学生的跨文化交际意识。

总之,只要英语教师重视模仿、创造训练,以课堂为主阵地,积极培养学生的创造能力,科学引导,不断创新,完善教学策略,并且持之以恒,就一定能使学生在英语口语方面取得显著的进步。

第三节 英语课堂教学的方法与模式

一、任务型教学方法在英语课堂教学中的应用

(一)任务型教学模式的含义及特点

1.任务型教学模式的含义

任务型教学(Task-Based Learning)是20世纪80年代外语教学研究者经过大量研究和实践提出的一个具有重要影响的语言教学模式,它把语言运用的基本理念转化为具有实践意义的课堂教学方式。学生在教师的指导下,通过感知、体验、实践、参与和合作等方式实现任务的目标。该模式提倡"意义至上,使用至上"的教学原则,是一种以人为本,以应用为动力、目标和核心的教学途径,要求学习者通过完成任务,用目标语进行有目的的交际活动。

任务型教学模式中的"任务"可分为两类:一类是"教学任务",即学生在课堂上的学习活动;另一类是"真实任务",即学生在日常生活中从事的各种各样的事情。"任务"中的问题不是语言问题,但需要用语言来解决,学习者使用语言并不是为语言本身,而是利用语言的"潜势"达到独立的交际目的。

2.任务型教学模式的特点

作为课堂教学的一种活动,任务型教学具有以下特点。①任务型教学模式是交际法的一种新的形态,是交际法的发展,而不是交际法的替代物。②任务型教学强调教学过程,力图让学生通过完成真实生活任务而参与学习过程,从而让学生形成运用英语的能力。任务型教学虽然强调学生运用英语进行交际的能力,但从更广泛的层面强调培养学生的综合运用能力。③任务型教学强调以真实生活任务为教学中心活动,修正了以功能为基础的教学的活动中存在的真实性不足的问题。④任务型教学要求教学活动要有利于学习者学习语言知识,发展语言技能,从而提高实际语言运用能力。

(二)任务型教学模式的可实施性

1.教学内容的设定

在英语教学中,首先,要设定任务的目标,即通过让学习者完成某一项任务而希望达到的目标。它可以是培养学习者说英语的自信心,解决某项交际问题,也可以是训练某一写作技巧等。其次,输入材料必须具有真实性,应以现实生活中的真实交际为目标,使学习者在一种自然、真实或模拟真实的情景中体会语言,使学习语言不再局限于教材。最后,要根据教学材料设计相应的多种教学活动。任务的设计要由简到繁,由易到难,前后相连,层层深入。形式是由初级到高级任务,再由高级任务涵盖初级任务的循环,并由多个微任务构成一串"任务链",使教学呈阶梯式,层层推进。

任务型教学模式可根据不同层次学习者的英语水平制定出不同的任务活动,在充分体现以学生为主体的教学理念的前提下,让学生通过与学习伙伴合作、协商去完成任务。整个学习过程充满了反思、顿悟和自省的活动型的学习方式,从而可最大限度地调动学习者学习的积极性和主动性,提高他们发现问题和解决问题的能力,培养他们与人共处的合作精神和参与意识,并在完成任务中体验成功的喜悦,获得成就感,实现自我价值。

2.任务设计的原则

首先,任务的设定要具有真实性和功能性。在任务设定中所使用的教学输入材料应来源于真实的生活。但"真实"是一个相对的概念,它可以是来源于出现在课堂教学的教材,同时教师要创造一个新的语言环境,并根据学生在该任务中所学到的知识点提出一个需要解决的(交际)问题,选择真实性事件或情景作为驱动学生学习的动力性任务。它可使学生在完成任务过程中运用刚学过的语言知识解决某一情景下的交际问题,也可使学生运用已有的语言知识、策略及技能来探索运用英语的规律。学习者在学习英语的过程中普遍存在着语言脱离语境、脱离功能的现象,即学习者可能掌握了语言不同的拼写形式和相应的含义,但不能以适当的形式得体地表达意义和功能。任务设计的原则是在真实性原则的基础上,将语言形式和功能的关系明确化,让学习者在任务履行中充分感受语言形式和功能的关系,以及语言与语境的关系,从而增强学习者对语言得体性的理解。

其次,任务的设定要具有连贯性。纽南(Nunan)曾提出过"任务依属原则",即课堂上的任务应呈现"任务链"或"任务系列"的形式,每一任务都以前面的任务为基础或出发点,后面的任务依属于前面的任务。换言之,一堂课的若干任务或一个任务的若干子任务应是相互关联的,具有统一的教学目的或目标指向,同时在内容上相互衔接。因此,这样的任务系列就构成一列教学阶梯,使学习者能一步一步达到预期的教学目的。

最后,教学任务的设定要具有实用性、可操作性和趣味性。英语课程不仅应打好语言基础,更要注重培养实际使用语言的能力,特别是使用英语处理日常和涉外业务活动的能力。因此,在任务设计中要避免为任务而设计任务,任务设计者要根据学习者的专业特点和他们将来就业方向的特点来设计教学任务,并尽可能为学习者的个体活动创造条件,利用有限的时间和空间最大限度地为他们提供互动和交流的机会,从而达到预期的教学目的。在英语教学中普遍存在着教学任务多,但课堂时间少的现象,因此在任务设计中要尽量避免环节过多、程序过于复杂的课堂任务,必要时可为学习者提供任务履行或操作的模式。任务型教学法的优点之一就是通过有趣的课堂交际活动有效地激发学习者的学习动机,促进他们主动参与学习。因此,要尽量避免机械的、重复的任务类型,取而代之的是形式多样化的、趣味性的课堂教学任务。

(三)任务型教学法的基本原则与教学过程

任务型教学法是指"将任务置于教学法的中心,它视学习过程为一系列直接与课程目标联系并为课程目标服务的任务,其目的超越了为语言而练习语言",即一种将任务作为核心单位来计划、组织语言教学的途径。纽南(Nunan)提出了任务型教学法的五条原则。

第一,言语、情景真实性原则。

第二,形式、功能性原则。

第三,任务相依性原则。

第四,在做中学原则。

第五,脚手架原则。

任务型教学过程分任务前阶段、任务环阶段和语言焦点阶段。任务前阶段包括介绍话题和任务。在这一阶段,教师和学生一起探讨话题,着重介绍有用的词汇和短语,帮助学生理解任务指令和准备任务。这个阶段主要为学习者提供有意义的输入,帮助他们熟悉话题、认识新词和短语,其目的在于突出任务主题,减少认知负担。

任务环阶段包括任务、计划和报告。学生以结对子或者小组活动的形式完成任务,教师不直接指导。学生以口语或者书面的形式在全班汇报他们是怎样完成任务的,他们决定了或发现了什么,最后通过小组向全班汇报或者小组之间交换书面报告的形式比较任务的结果。这个阶段为学习者提供了充足的语言表达机会,强调语言的流利性,交谈中语言的使用应该是自然发生的,不要求语言的准确性。

语言焦点阶段包括分析和操练。在这一阶段着重分析课文中出现的语言特点和难点。在分析中或者分析后,教师引导学生练习新的词汇、语法并指出语法系统是极其有价值的。这个阶段的目的在于帮助学生探索语言系统知识、观察语言特征并将它们系统化,从而清晰、明了地掌握这些语言规则。

任务型教学的倡导者认为,掌握语言的最佳途径是让学生做事情,即完成各种任务。当学习者积极参与目标语的练习时,语言也被掌握了。学生注意力集中在语言所表达的意义上,努力用自己掌握的语言结构和词汇来表达自己的意思。任务型教学追求的是给学生提供大量的、尽可能丰富的内容,让学生明确自己的学习目标。

(四)任务型教学法的优缺点

1.任务型教学法的优点

任务型教学法的重要创新在于提出了形式－功能性原则,即让教师与学生明确语言的形式与语言的功能之间的关系,因此任务的设计注重语言形式和功能的结合。任务型教学法对语言结构的关注并非期望学生一次性地掌握课堂中出现的语言形式,而是为了让学生对语言结构知识引起相当的注意,形成一定的认识,逐渐整合到发展中的中介语系统中,最终形成语言能力。具体地讲,学生通过完成听、说、读、写等任务,对语言进行积极的认知加工,在感受了语言形式所承载的意义的基础上获得综合语言技能的发展。在教学实践中,教师依据该原则让学生结合特定的语境观察、分析、概括出语言的规则,从而改变教师主要通过讲解、灌输语法的教学方式。

任务型教学法从人的发展角度设计教学任务。任务型教学法以任务为分析单位,编制大纲、实施教学,通过任务使语言系统与语境联系起来,把教学的重心从形式转移到意义上来。它可以让学生在使用语言的过程中学会语言,提高学生的认知能力,从而确立学生在教学中的中心地位。学生通过组织语言、使用语言去寻求答案,解决问题,完成任务。语言系统知识的掌握已不是教学的终极目的,它只是提高学生交际能力、解决问题能力的手段。毋庸置疑,任务型教学法是外语教学法又一次巨大的进步与创新。

2.任务型教学法的缺点

任何一个教学法流派都是得失同在,任务型教学法也存在着不足以及许多有待解决的问题。第一,任务型教学法的理论依据主要是第二语言习得理论,强调语言学习的重点应放在意义上。语言形式虽然也受到一定的关注,但是处理语法的方法主要由教师根据主观经验做出判断,是随意且缺乏系统性的。第二,任务的选择、分类、分级与排序还存在不少困难,更谈不上达成共识。

因此,要真正做到系统有序地以任务为中心来开展教学,还得在课程大纲研制、内容选择、教材编写的层次上下功夫。

二、内容型教学方法在英语课堂教学中的应用

(一)内容型教学法的基本原则

内容型教学法通过运用目标语教学学科内容,把语言系统与内容整合起来进行教学。这种整合观是基于一种对语言教学的认识:只有同时给予两者相同的重视,而不是将两者分离开,才能促进两方面同时发展。而运用目标语教学学科内容可以较理想地达到整合这两个方面的目的。其基本原则如下所示。

1.教学决策建立在内容上

语言课程的设计者和教材的编写者在设计阶段面临的两个问题就是内容(包括哪些项

目)的选择和排序(如何排列这些项目)。在传统的教学方法中,不少方法通常按照语法的难易程度编写,如一般现在时比其他时态更容易学习,在教材的编写和教学中自然处于优先学习的地位,根据此原则编写的教材及在教学中都把容易学习的内容放在初学阶段。然而,内容型教学法颠覆了传统方法中内容的选择和排序原则,彻底放弃了以语言标准作为教学的出发点,而是把内容作为统率语言选择和排序的基础。

2. 整合听、说、读、写技能

以往的教学法常常以分离的、具体的技能课(如语法课、写作课、听说课)的形式进行教学。内容型教学方法试图在整合听、说、读、写四项基本技能的同时,将语法和词汇教学包含于一个统一的教学过程之中。由于语言交流的真实情景,以及语言的交互活动涉及多种技能的协同,派生了这项教学原则。同样,内容型语言教学反对在课堂上主张先听说、后写作的教学顺序。它没有固定的、一成不变的技能教学顺序。相反,它可从任何一种技能出发。可以看出,这一原则是第一个原则的引申,是影响教学项目的选择和顺序原则的具体表现。

3. 教学的每一个阶段都要求学生积极、主动参与

自交际法产生以来,课堂的中心从教师转向学生,"做中学"成为交际语言教学的基本原则之一。任务型教学是交际法发展的分支,它强调学生应在完成任务的过程中进行探索性、发现性的学习。同样,内容型教学也是交际法的分支,重视学生在参与学习的过程中积极主动地学习。主张内容型教学的学者们认为,学习者可以在与同伴、同学的交往中获得大量的语言信息。因此,在课堂的交互学习、意义协商、信息收集,以及意义建构的过程中,学生承担着积极的社会角色。在内容型语言教学中,学习者可以承担多种角色,如接受者、倾听者、计划者、协调者、评价者等。与学习者多重身份一样,教师也扮演着多重角色。他们可以是学生的信息源,任务的组织者,学习活动的引导者、控制者和促进者,学生学习活动的评估者,等等。

4. 学习内容的选择与学生的兴趣、生活和学习目标相关

内容型教学法的内容选择最终取决于学生和教学环境。教学内容通常与具体的教学和教育环境中的教学科目同时进行。因此,在中学阶段,外语教学内容可以来自学生在其他科目(如科学、历史、社会科学)中学习的内容。同样,在高等教育环境中,学生可以选修"毗邻"语言课。"毗邻课"是两个教师从两个角度教授同一内容,从而达到不同的教学目标的课型。在其他教学环境中,教学内容可以根据学生的需要和兴趣特点进行选择。

5. 选择"真实的"教学内容和任务

内容型教学的关键在于真实性。它既要求课文内容的真实,又要求任务内容的真实。一首歌谣、一个故事、一段卡通都可以作为真实的教学内容。把这些真实的内容放置于外语教学课堂将改变它们原本的目的,从而服务于语言学习。同样,任务的真实性也是内容型教学的目标,任务必须与一定的文本情景结合,反映真实的状况。

（二）内容型教学法的特点

内容型教学法旨在将学生尽可能地置于与他们直接相关或者他们感兴趣的内容之中。从这个简单的定义可知，与学生直接相关和他们感兴趣的内容不仅包括学生日常生活中会共同面对的问题，也包括他们学习的其他科目的内容。事实上，学生学习的学科内容更应该合理地整合于外语教学中，以促进学生的思维和语言能力的整体发展。那么，内容型教学法具有哪些主要特征呢？

第一，内容型外语教学法的主要特点在于对"内容"的强调和利用。"内容"可以满足语言教学多方面的目的。一方面，它为外语课堂教学提供极其丰富的教学情景，教师可以利用这些内容呈现、解释语言的具体特征；另一方面，富有挑战性的"内容"是语言习得的基础。无论是克拉申的"可理解性输入"理论，还是维果茨基的"最近发展区"理论，都强调综合的、富有挑战性的、略高于学习者当前语言水平的内容输入。因此，把内容输入置于特殊的地位是当前内容型教学法普遍发展的趋势。

第二，内容型教学法的内容选择不以教学课时为基本单位。通常一个单元的内容都会超出单个课时。事实上，内容型语言教学的教学内容单元往往长达几周课时，甚至更长。

（三）内容型教学法的教学模式

目前，内容型教学法主要有以下两种模式。

1. 主题模式

主题模式通过主题形式来组织教学。这些主题内容主要来自学生学习的其他科目，或者与他们的兴趣和生活密切相关的内容。主题教学是为了实现教学内容、教学方法的突破，解决外语教学中长期难以解决的矛盾。

主题教学模式强调学习语言所表达的意义，但并不忽视对语言形式的学习。学生通过主题的建构，学习有关社会生活的知识，通过细节环节，学习短语、句型和语法知识，从而把意义与形式有机结合起来。

实现教师引导与学生自主学习的统一。教师的职责在于创造学习的语境，并给予正确的引导与示范。教师把以主题为主的认知结构的建构、拓展和深化的任务交给学生，这样就从真正意义上培养了学生的自主性。

实现学生跨文化交际能力的全面发展。在以主题为中心的外语学习中，学生获得了丰富的有关社会、文化和交际方面的知识；在完成围绕主题、话题的交际任务中，学生提高了以听、读、写为基础的跨文化交际能力，培养了自身的素质，发展了个性；在自主性学习中，学生找到了自我价值，实现了自我超越。外语教学以主题为线索，按主题—话题—细节的步骤，使学生逐步建立起较为完整的反映主观与客观世界及社会交际需求的知识系统。

2. 附加模式

附加模式是指语言教师和学科内容教师同步教授相同的内容教学，但他们的教学重点和教学目的不同。语言教师的教学重点在于语言知识,完成语言教学目标,而负责学科内容的教师的教学重点在于学科内容的理解上。例如,一个英语教师和一个心理学教师都教授心理学内容。其中,英语教师将心理学材料作为英语语言课程的内容,其教学目的是提高学生的英语使用能力,而心理学教师的教学目标是完成心理学学科内容的教学。因此,在英语教师的课上,学生的主要任务是通过对富有挑战性的内容的理解和吸收,从而较快地理解难度较大的内容,并在语言教师的指导下,快速学会语言。

（四）内容型教学法的优缺点

1. 内容型教学法的优点

（1）促进学生智力的发展

迄今为止,交际法是最重视外语教学中语言形式和内容密切结合的方法。但是,由于交际法没有摆脱教学法由来已久的"内容自由"的传统,仍然以语言的功能或者意念形式选择内容。这样一来,语言本身既充当内容,又是教学的中介,很容易造成课堂内短期的循环现象,即教学的中心一段时间在内容上,一段时间在一些具体的语言结构上。但是,不同的内容要求不同的思维方式,不同的思维方式需要不同的教学内容。也就是说,不同的语言内容会引起学习者不同的认知过程,单一的、以结构为组织原则的教学不能满足学生学习时认知能力发展的需要。因此,多元的、丰富的学科内容成为语言教学的核心,成为发展学生认知能力的一种选择。随着时代的发展,外语教学的目的越来越趋向于使语言教学成为人类发展的重要因素,成为人类思维能力、语言能力发展的条件。沉浸式语言教学的研究表明,在第二语言的学习中,学习者普通认知技能的发展和将学习者置于母语中同等重要,获得语言能力（语音、词汇、语法、语义、功能意义）和认知过程（理解、分析、应用、综合、评价）之间存在密不可分的关系。问题的关键是,不同的思考方式要求不同类型的语言内容。因此,通过激发学习者对丰富内容的兴趣,从而达到在发展思维的同时促进语言能力的发展。

（2）提高学生的高级学习策略

学生的学习策略也会在思维的发展中得到提高。例如,学习推导的策略远比找出同源词难度更高。翻译、重复、惯用语的使用等都是学习者在学习语言早期容易掌握的策略。但是,在内容缺乏的环境中,他们常常被禁锢于狭隘的语言结构知识情景中,很难发展,如运用、监控、推导等高级策略。而这些高级策略才是成功学习一门语言的条件。卡明斯曾经研究了语言情景和认知难度对语言学习的影响。他发现认知难度大的任务驱使学习者发展不同的思考方式,而且这些任务与情景密切联系。在真实的任务情景中,学生积极参与意义协商,在遇到不理解的信息时,他们会积极提供反馈。在这种情况下,大量的副语言特征和情景信息共同支持语言的发展。

（3）提供大量的支持语言发展的材料

如语言的、元语言的、超语言的情景内容,丰富的内容可以培养学生良好的学习策略。

低级的策略,如翻译、重复、背诵等,不足以满足外语思维能力发展的需要。高级的策略才是语言学习的成功条件。另外,对内容的敏感也会提高学习者对语法、词汇等语言系统知识的认识。思维能力在对这些知识进行处理的同时获得提高。外语教学必须以不同的内容满足人类的多种思维能力发展的需要。内容的多样性在满足人类的思维发展的同时能促进语言的发展。可见,内容型教学法通过发展那些与语言结构相关的思维技能发展语言。因为内容与认知方式紧密联系,它要求用一系列具体的概念、观点和语法规则去表达。外语教学法改革从内容入手,一方面可以增加认知难度,促进学生思维能力的发展;另一方面使内容成为发展语言的条件,在很大程度上符合外语教学从语言的发展走向人类的发展的总体规律。

2. 内容型教学法的缺点

内容型教学法也存在很多的局限性,具体如下所示。

(1) 缺乏实施内容型教学法的教材

目前,内容型教学法在欧美国家的实践还处于探索阶段。由于内容型教学法包含的方法模式和内容体系相当庞杂,很难形成较为统一的教材。单从教学模式而言,内容型教学法就有主题模式、附加模式和遮蔽模式,每一种模式对教材、教学程序和教师知识结构的要求都不同。要编写容纳多学科内容、符合不同学科内容的教学规律的教材有很大的困难。

(2) 缺乏胜任内容型教学法的师资力量

内容型教学法对师资的要求发生了翻天覆地的变化。不同的学科内容自然要求教师也具备相应的知识储备,但事实上,很少有教师可以达到这样的要求。另外,不同的教学模式对教师而言具有很大的挑战,他们不仅需要具备良好的外语教学知识和技能,还要和其他学科的教师协调、合作才能完成教学任务,这需要他们改变一直以来把外语看成同其他学科一样是一门相互独立的学科的思维定式。很显然,内容型教学法对师资的要求远远高于其他教学方法。

总而言之,丰富的学习内容是文化的载体,是语言发展的条件,也是人类思维发展的重要组成部分,因此现代外语教学法要以丰富的学科内容为出发点。为了协调语言内容和意义之间长期存在的冲突,创设新型内容型教学模式不仅可以促进人的整体发展,还能彻底改变以往各种教学法流派偏于语言、忽视内容的做法,改变"为教语言而教学""为工具性目的而教学"的教学法定位,从而走向"为人的整体发展而教学"的转变。

第二章　小学英语教学设计

第一节　小学英语教学设计的基本概念及特点

一、小学英语教学设计理念

我国小学英语基础教育课程改革正在由试点地区逐步向更广大的地区有序地推进。新课程正在进入学校，走进课堂。新课程对每一位小学英语教师提出了新的、更高的要求。学习新课程的理论、领会新课程的精神、创造性地实施新课程，对小学英语教师来说，既是一种挑战，同时也是一次难得的机遇。如何把新课程所规定的理念和目标落到实处，如何通过日常的教育教学活动，通过一个个具体的教学过程来实现教学任务，越来越成为学校和教师们关注的核心问题。

通常一种理念、一种规范要想转变成具体的操作实践，需要通过一定的"中介"环节来实现。新课程的实施过程也需要通过一定的界定环节，才能转变成课堂教学实践，落实到每一个学生。近年来的研究表明，教学设计正是在课程实施过程中一个重要的"中介"。教师通过教学设计，将对课程标准的理解、对具体的教学内容和教学对象的分析等加以整合，作出教学的整体规划、构想和系统设计，形成一种思路，对一系列具体的操作层面的教学事件进行整体安排，形成一个个体现一定教育思想观念、具有可操作性的教学方案。从某种意义上说，教学设计实际上是课程实施过程中的一个决策过程，教师要回答"为什么教""教什么""怎么教""教的怎么样"等问题，对教学作出整体安排。因此，也可以说教学设计是课程开发过程的进一步发展和延续。通过对课堂教学情境的安排、规划和准备，对教学媒体、课程资源的开发和利用，使规定的课程更加丰富而具体化，从而更好地实现课程目标。

传统的教学设计大多是从教学内容出发，依靠教师的实践经验和个人直觉来选择教学方法、安排教学过程，考虑较多的是教师"如何教"。这是教师的教学艺术，在传统的课堂教学中发挥了一定的作用，在今后的教学工作中还将继续发挥作用，因为这里也体现了教师的创造性。但是，随着现代科学技术的飞速发展，随着教学过程的日益复杂和教学手段的丰富多样，仅仅依据教师个人的教学艺术为基础的教学设计，已经不能适应教育教学改革和发展的要求。

与传统的教学设计相比，现代教学设计有着很大的不同。现代教学设计不仅要考虑有关的教学内容和方法，还要考虑教学背景、教学对象、教学策略、教学媒体、教学评价等因素，并用系统论的方法来加以统筹规划、组织，较多地考虑学生"如何学"以及教师和学生间的互动，因而可以使教学活动真正达到优化的效果。

现代教学设计是一个分析教学问题、设计解决方法、对解决方法进行试行、评价试行结果、在评价基础上修改方法的过程。这是一个系统计划的过程，有一套具体的操作程序，所以现代教学设计又称为系统教学设计。从系统论的观点来看，学科教学是一个系统，是由一定量的相互联系的组成部分有机结合起来具有某种教学功能的综合体，它包括课程（教学）内容、教师、学生、教学媒体等多种要素。而它本身又是学校总体教育教学工作系统中一个子系统。学科教学设计又可以看作是整个学科教学系统中的一个子系统。系统论认为："一切系统的工作都要围绕着系统总目标的实现而展开，因此，教学设计必须在系统论的指导下，运用现代教学理论、学习心理学理论研究的最新成果，借助于教学设计者的经验和创造性劳动来实现。"

教学是门科学，教学更是一门艺术，教学还是一门技术。而小学英语教学设计更是教学科学、教学艺术和教学技术的综合。从这个意义上我们可以说小学英语教学设计是小学英语教育工作者运用系统论方法，在对小学英语教学系统中的各种要素（教师、学生、教学目标、教学内容、教学媒体等）进行科学分析的基础上，整合各种课程资源，运用现代学习心理学及教育心理学理论，设计规划教学程序、教学内容的呈现方式及教学效果的评价标准的过程。

针对小学英语教学系统中的各种因素，小学英语的教学设计一般应把握好如下几个方面。

第一，把握预期的教学目标。

第二，把握小学生的起点状态，包括其原有知识、技能和学习动机等。

第三，把握教学内容，即分析小学生从起点状态过渡到终点状态（教学预期目标）应掌握的知识技能或应形成的学习态度与行为习惯。

第四，把握教学策略，包括对教学方法、教学媒体的设计，主要考虑用什么方式和方法给学生呈现教学内容、安排学习活动、并提供学习指导。

第五，把握教学评价，即考虑如何对教学的结果进行科学的测量与评价。

第六，在整个教学设计过程中，还要把握好每一步骤的活动并使之建立在教育心理学理论和技术的基础之上。

二、小学英语教学设计的特点

系统的教学设计作为加强教学理论与实践联系的"桥梁科学"，是将现代教学理论和学习心理学研究的最新成果转化为教育教学生产力的中介。它旨在通过精心创设的教学系统为学习者提供最有利的教学条件,用以解决教学问题,完成教学任务,对于优化教学过程、提高教学效率有着直接的重大的影响。可以说,小学英语教学中如果没有优化的教学设计,优化的教学过程就无从实现。

作为一种现代教学方法,系统的小学英语教学设计与传统的教学设计相比具有以下几个特点。

第一,系统的小学英语教学设计是对整个教学活动的预先分析与决策,是一个构思、策划并制订教学活动方案的总过程。

第二,系统的小学英语教学设计中包含了广泛的活动,是由目标设计、内容方法设计、评价监控设计所构成的一个有机整体。

第三,系统的小学英语教学设计的目的是通过对教学活动的规划和组织,使教学活动的诸要素得到有序的、优化的安排,从而提高小学生获得语言知识和技能的兴趣,达到理想的教学效果。

第四,系统的小学英语教学设计具有很强的针对性,是针对具体的教学情境来设计问题及决定程序的。任何一种教学设计都是在某种特定的教学活动背景下进行的,教学活动背景(如教学目标、教学对象、教学内容、教学媒体等)不同,教学设计方案就会出现差异。而作为对某种具体的教学活动的规划,除了要考虑教学目标、教学内容等因素,小学英语教学设计还特别强调对教学对象——小学生的各方面特点的了解和分析,强调以小学生现有的发展水平为起点来设计教学活动。

第五,系统的小学英语教学设计具有方案制订的机动性。教学设计方案作为一种对教学活动的预先分析与决策,毕竟不是教学活动本身,因此并非固定不变的。任何有经验的教师都会根据教学过程的实际进程,灵活机动地予以修正、变通,以适应当时的教学实际需要。

三、小学英语教学设计的意义

小学英语教学设计是小学英语教学中不可缺少的一个环节,它在有效避免教学实施的盲目性和随意性、对小学英语教育教学最优化的实现、对促进小学英语教师的快速成长、为学习者提供最佳的学习条件等方面都有着极其深远的意义。

(一)促进教学理论与实践的有机结合

教学理论往往偏重于理论方法上的描述和完善,对于教学的改进只产生间接的理论指导作用,而理论到实践是有距离的,况且实践有些时候也不能完全套用现成的理论。有了教学设计就能够把普遍性的教学理论与小学英语的教学实践有效地结合起来,从而实现教学效果的最优化。

(二)促进教师教学技能的快速提高

小学英语教学设计为小学英语师资队伍的培养提供了一条有效的途径。

小学英语教师在教学设计过程中,需要对教学内容、教学方法、教学手段、教学语言尤其是教学对象的特点等进行研究,并在此基础上,再对教学目的、内容、程序、方法等进行整体构思。由此可见,教学设计是建立在教学研究基础之上的、教师自我学习和创造的过程。在这样的不断学习、研究和创造的过程中,教师自身的专业技能和业务素质得到不断的提高,从不成熟走向比较成熟,甚至成为教育教学方面的专家。

（三）创造理想的学习条件,提高教学质量和效果

系统的小学英语教学设计要求授课教师在进行教学设计时要自觉地运用现代教学理论,从教学规律出发,客观地分析教学内容及小学生的实际特点。教学过程中要以学生的实际需要为基点,确定切实可行的教学目标,制定适当的教学策略以引导学生有效地解决课堂学习中的问题,为学生创设出符合完成学习任务的学习环境,从而大大提高学生的学习效果和课堂教学质量。

第二节　小学英语教学设计的理论依据

一、教学系统分析

根据系统论的观点,教学是一个若干教学要素有机合成而成的、具有一定教学功能的系统。教学要素主要包括教师、学生、教学内容、教学方法、教学媒体、教学环境等。教学系统有不同的层次,一个学校的全部课程计划、一门具体的课程、一个教学单元、一节具体的课,都可以看成不同层次的教学系统。

一个教学系统由两个子系统构成。而每个子系统中又分别包含诸多要素,如图2-1所示。

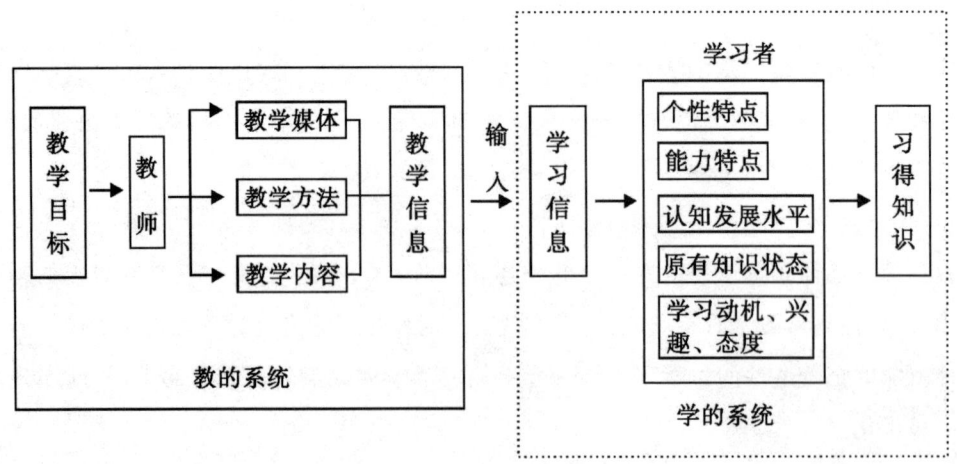

图2-1　教学系统分析

在这个教学系统中,教师和学科内容、教学媒体、教学方法等要素,因为各要素之间以不

同的方式相互联系,所以就能形成不同的教学过程结构。而不同的教学过程机构将具有不同的教学功能,所以又产生不同的教学效果。此外教学设计重要内容之一,就是要在分析教学系统各要素的基础上,根据课程标准规定的目标(预期效果),优化设计教学过程,合理利用各种学习资源,选择和确定教学策略、教学媒体、教学方法,创设教学情境,科学地安排教学活动,从而达到最优的教学效果。也就是从多种可能的方案中,选择最好的系统方案使系统具有最优的整体功能。

根据图 2-1 所示,我们可以说学生的学习过程实际上就是学习者(学的系统)对学习环境施加的作用(输入)做出反应(输出)的过程。因此,学习过程是一个开放的系统,也是一个动态的过程。那些持积极态度参与教学活动的学生,通常是主动的、有准备的。在教师创设的情境中,每当教师精心设计的教学信息(如英语学方面的知识或技能)输入时,他们会主动地接近;他们会调出原来的知识结构和经验来迎接和接受新输入的内容,获得新知识(同化)并很快地与原有的知识初步融为一体,从而又提高了一步。在融合中,还能修正原认知结构中不正确的部分,自我排除了过去不正确的理解(可称为"顺应")充实了原有认知结构。

教学设计是一个不断研究和解决教学问题的过程。新课程更加强调以学生发展为本,以促进每一个学生的发展、提高学生的基本素质为宗旨,运用系统理论提供的思想和方法,注重对学习者的身体心理特点、发展需要、已有知识基础和经验、课程学习中存在的问题等作细致的分析和研究,并以此为基础进行教学设计。

二、学习理论

学习理论是小学英语教学设计的重要理论基础。教是为了学,教学的过程是为了学习的过程。只有了解小学生学习的心理规律、学习发生和发展的过程及其条件,才能够设计出符合学习规律的、有效的教学过程。要想真正理解和掌握教学设计的理论和技术,就必须了解有关的学习理论。

(一)学习的定义及性质

何谓学习?其本质是什么?判断学习的标准有哪些?长期以来一直是心理学研究的重要课题。由于学习的复杂性,曾经有过许多不同的关于学习的定义,因而形成了不同的观点和流派。归纳起来,常见的主要有以下三类:第一类,行为主义认为,学习是"刺激——反应"之间联结的加强;第二类,认知理论认为,学习是指个人认知结构的改变;第三类,人本主义认为,学习是人的自我概念的变化。这些定义从不同角度揭示了学习的性质。

学习有广义和狭义之分。广义上的学习是指学习者因经验而引起的行为、能力和心理倾向的比较持久的变化,它与成熟、疾病或药物等因素无关,而且不一定表现出外显行为。这个定义强调三个要点:第一,主体身上必须产生某种变化,我们才能作出学习已经发生的推论;第二,这种变化是能相对持久保持的,因为有些因素(如适应、疲劳等)也可导致行为的暂时变化，另外学习之后的遗忘也是不可否认的；第三，主体的变化是由于与环境的相互作用而产生的，排除了由成熟或先天反应倾向所导致的变化。狭义的学习是指人个体的学习。人的学习是个体在社会生活实践活动中，以语言为中介，经过思维活动而积累经验，进而产生行为、能力和心理倾向的相对持久变化的过程。

人类学习的典型形式是学生的学习，它不但具有学习的一切本质特征，而且具有自身独特的特点。首先，学生的学习是以掌握书本的间接经验为主。学生在学校学习主要是掌握人类已经形成并积累下来的、以语言符号为物质形式的社会历史经验，即间接知识经验。这是人类在漫长的社会实践活动中认识和改造世界所创造的精神财富的结晶，它包括科学文化知识、基本技能和社会生活规范及行为准则等，这些是学生必须学习的内容和对象。学生学习的主要目的就是要掌握这些知识经验，把它转化为自己的精神财富，形成必要的才能和品德。当然，我们强调学生的学习是以掌握书本的间接知识经验为主，并不否认学生在学习过程中必须获得本人的直接经验。事实上，掌握社会历史经验总是要以一定的直接经验为基础的。

其次，学生学习是在教师的组织领导下，有目的、有计划、有组织地进行的，不同于日常生活中或其他方式的学习。学生学习的目的要求、科目内容、时间安排以及组织形式等都有明确的要求，并由经过专门训练的专职教育工作者按照学生的年龄和心理特征、知识水平、认知能力等特点有计划、有组织地进行，力争使学生能在较短的时间内取得最佳的学习效果。

最后，学生的学习以掌握系统的科学知识、技能，形成世界观和道德品质为主要任务。学生的学习是一种认识过程，主要是通过掌握前人所积累起来的各门科学知识，间接地认识客观世界。因此和劳动者、科学家通过实践直接去探索尚未发现的事实与真理的认识活动有所不同，学生在学习过程中尽管也会有所发现，但他们主要的和大量的还是学习和掌握系统的科学知识和技能，为将来进一步认识和改造世界打好基础。学生的学习过程，也是他们世界观和道德观的形成过程，尽管此过程不能脱离社会实践，但他们主要是在教育和教学过程中，在学习和掌握系统的科学知识的基础上，通过有目的、有组织、有计划的教育和学习活动进行的。

(二)学习理论与教学设计

1. 行为主义理论与教学设计

行为主义学习理论需要研究学习者外显的行为。根据行为主义者的观点，所有的学习，无论是语言学习或者是非语言学习，都是通过相同的强化过程和习惯的形成而产生的。"刺激——反应"论是行为主义学习理论的基础。这种理论把学习者的学习行为归结为个体对外部刺激的反应。它不关心刺激所引起的内部心理过程，认为学习与内部心理过程无关。只要控制刺激就能控制行为和预测行为，从而也就能控制和预测学习效果。根据这种观点，人类学习过程被解释为被动地接受外界刺激的过程,而教师的任务只是提供外部刺激,即向学生灌输知识。学生的任务则是接受外界刺激,即理解和吸收教师传授的知识。由此我们可以看出,行为主义学习理论是以教师为中心的教学设计的心理学基础,它把学生当作知识灌输的对象、外部刺激的接收器、前人知识与经验的存储器,忽略了学生是有主观能动性的、有创造性思维的活生生的人,最终导致作为学习主体的学生无从发挥其学习主动性。好奇心和想象力严重受损,创新思维和创造能力也就无从谈起。

以行为主义学习理论为基础的教学设计,在初期曾构建了一套教学设计的程序和环节,开辟了一条教学与技术相结合的路子。对确定如何设计教学步骤、如何使用学习者的反馈、如何解决学习错误等有了比较清晰的认识。但由于它忽视了学习者的内部心理过程,无视学习者的内在需要和主动性,只注重教师的教的设计,关注如何使教学信息变成强刺激,灌输给学生,使学生在"尝试——错误"的反复中强化记忆,从而助长了死记硬背的不良习惯。

2. 认知理论与教学设计

认知理论不同于行为主义学说,它主要受认知心理学发展的影响,更加重视学习者内部的因素,认为学习是由一系列的过程所组成的,是学习者对客观事物之间关系的认识。人类的学习中存在着不同水平的认知过程;学习的成效取决于学习者已有的认知结构;学习是知识在头脑中不断组织和表征的过程,是一种积极主动的构建过程。认知理论十分重视认知结构和认知过程,通过对学习者认知结构和认知过程所作的假说来解释和说明学习过程。强调学习者在学习过程中是学习活动的主体,并起着重要作用。主张学习就是获得一个把旧的认知结构改变成新的认知结构的不断上升的过程。

在认知理论中,加涅的信息加工理论,对教学设计的影响比较大。它将人类的学习和记忆过程看作由一系列假设的信息转换过程,如图2-2所示。

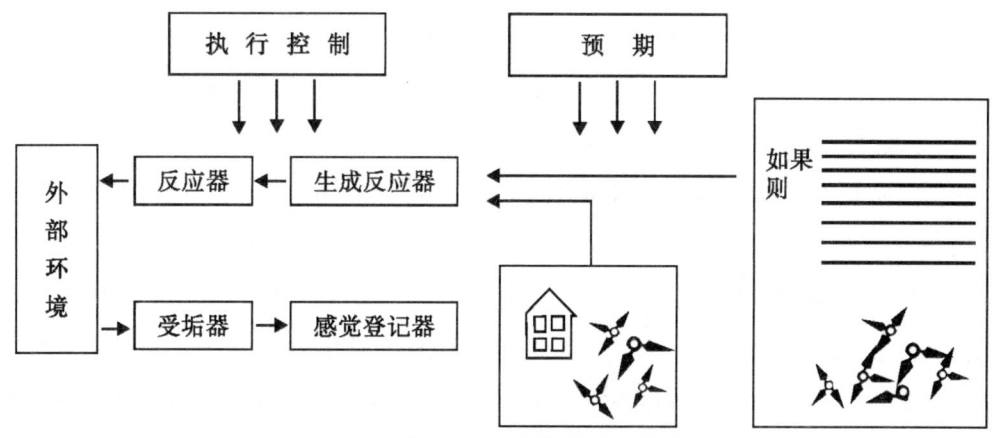

图2-2 学习与记忆的信息加工模型

认知学习理论提出的与教学设计有关的认知观念和信息加工技术,为教学设计提供了强有力的理论依据。另外,奥苏贝尔的先行组织者技术也被广泛地应用到教学设计中。依据这些理论或模型来设计合乎学习者的教学活动过程,可以提高学习者的学习效果。

3. 建构主义理论与教学设计

建构主义学习理论反对学生是知识接收者的说法。认为学习包括两个方面：一方面是对新信息意义的建构形成，另一方面是对原有经验的改造和重组。学习的过程不是学习者把知识搬到记忆中的过程，而是学习者思考的过程，是学习者对输入的新信息进行积极加工的过程，是学习者对已有知识进行改造和重组的过程。这种理论强调学习的主动性、社会性和情景性，对学习和教学提出了许多新的见解，是认知理论的进一步发展。

由于建构主义学习理论强调以学生为中心，认为学生是认知的主体，是知识意义的主动建构者；教师只对学生的意义建构起帮助和促进作用，并不要求教师直接向学生传授和灌输知识。可见在建构主义学习环境下，教师和学生的地位、作用和传统教学相比已发生很大的变化。近年来，人们经过大量的研究与探索，建立了一套与建构主义学习理论相适应的全新教学设计的方法体系。我们可将已发表的多种建构理论指导下的教学设计原则概括为以下六点。

(1)强调以学生为中心

根据这一原则，其他各种教学因素（包括教师），只是作为一种广义的学习环境来支持学习者的学习。如何体现以学生为中心，可以从三个方面入手。首先，要在学习过程中允许发挥学生的主动性，要能体现出学生的首创精神；其次，要让学生有多种机会在不同的情景下，去应用他们所学的知识（将知识外化）；最后，要让学生能根据自身行动的反馈信息来形成对客观事物的认识和解决实际问题的方案（实现自我反馈）。

(2)强调"情景"对意义建构的作用

建构主义者认为，学习总是与一定的社会文化背景即"情景"相联系的。在实际情境下进行学习，可以使学习者能利用自己原有认知结构中的有关经验去同化和顺应当前学习到的新知识，从而赋予新知识以某种意义；如果原有经验不能同化新知识，则要引起顺应过程，即对原有知识进行改造与重组。总之，通过同化与顺应才能达到对新知识意义的建构。

(3)强调"协作学习"对意义建构的关键作用

建构主义者认为，学习者与周围环境的交互作用，对于学习内容的理解（对新知识意义的建构）起着关键性作用。这是建构主义的核心概念之一。学生们在教师的组织和引导下一起讨论和交流，共同建立起学习群体并成为其中的一员。在这样的学习群体中，进行协商和辩论。通过这样的协作学习，学习者群体（包括教师和每位学生）的思维与智慧就可以被整个群体所共享，即整个学习群体共同完成对所学知识的意义建构，而不是其中的某一位或某几位学生完成意义的建构。

(4)强调对学习环境（而非教学环境）的设计

建构主义者认为，学习环境是学习者可以利用各种工具和信息资源（如文字材料、书籍、音像资料、多媒体课件以及互联网上的信息等）来达到自己学习目标的条件。在这一过程中,学生不仅能得到教师的帮助与支持,还可以与其他同学相互协作。按照这种观念,学习应当被促进和支持而不应当受到严格的控制与支配;学习环境则是一个支持和促进学习的场所。

教学意味着更多的控制与支配,而学习则意味着更多的主动与自由。因此,在建构主义学习理论指导下的教学设计应是针对学习环境而非教学环境。

(5)强调利用各种信息资源来支持"学"而不是支持"教"

为了有利于学习者的主动探索和完成意义上的建构,在学习过程中教师要为学习者提供各种必要的信息资源。但是,这里利用的媒体和资料并非用于辅助教师的讲解和演示,而是用于支持学生的自主学习和协作式探索。因此,对传统教学设计中有关"教学媒体的选择与设计"这一部分将有全新的处理方式。例如传统的教学设计中,对媒体的呈现要根据学生的认识心理和年龄特点作精心的设计,现在由于把媒体的选择、使用和控制的权力交给了学生,这种设计就完全没有必要了。相反,对于信息组员如何获取、如何有效利用等问题却成了主动探索过程中迫切需要教师提供帮助的内容。

(6)强调学习过程的最终目的是完成意义建构,而非完成教学目标

由于强调学生是认知主体、是意义建构的主动建构者,所以教师要把学生对知识的意义建构作为整个学习过程的最终目的。在这样的学习环境中,教学设计通常不是从分析教学目标开始,而是从如何创设有利于学生意义建构的情境开始,整个教学设计过程紧紧围绕"意义建构"这个中心展开。学习过程中的一切活动都要从属于这一中心,都要有利于完成和深化对所学知识的意义建构。但是,这并不意味着在建构主义学习环境下完全没有必要进行教学目标分析。正确的做法是:在进行教学目标分析的基础上选出当前所学知识中的基本概念、基本原理、基本方法和基本过程作为当前所学知识的主题,然后再围绕着这个主题进行意义建构。这样建构的意义才是符合教学要求的。

建构主义者强调学习的主动性和建构性,强调非结构性的背景知识在学习中的作用,同时还提出了一些新的教学模式,使我们认识到了传统教学中存在的缺陷。但是我们也应当注意,过分强调学习中主观性的一面容易导致唯心论,过分强调非结构性的背景知识会导致全面否定传统的系统学习方法,过分强调教学的情境性会导致否定通过学习间接经验来迅速积累知识这一有效途径。教师在实际教学工作中,只有将建构主义学习理论与教师、学生、学校的实际情况和不同的教学内容有效地结合起来,进行符合实际的教学设计,才能取得好的教学效果。

三、教学理论与教学设计

教学理论是为解决教学问题而研究教学一般规律的科学。它为教学设计提供了科学依据,是教学设计的直接理论来源。教学理论对教学设计影响较大的是美国著名心理学家加

涅的学习分类和教学阶段理论。

（一）加涅的教学理论

加涅以学生的学习为主线，画出一个学习过程的流程图。给教师提供一个可能有用的信息线索。当教师在规划和设计教学工作时，迅速思考自己的依据、估计可能发生的事件并找出解决的对策。

加涅认为，教学设计是为了完成特定教学目标的，因此要根据教学目标来安排教学工作。而教学目标实际上就是所期望的学习结果。他把学习结果分为五种，并根据五种学习结果，将学习分为五种类型：第一种，言语信息学习。指学习陈述观念的能力。第二种，智慧技能学习。指使用符号与环境相互作用的能力。第三种，认知策略学习。指学习用以支配个人的心智加工过程的内部组织能力，用以监控和调节自己的注意、记忆、思维和问题解决过程的能力。第四种，动作技能学习。指学习平稳而流畅、精确而适时的操作能力。第五种，态度学习。指学习那种能够影响对人物或事件进行选择的倾向，态度学习是品德培养的重要组成部分。

加涅认为，上述五种学习不存在等级关系，其顺序是随意排列的，它们只是一些不同的学习类型。这五种学习又分为三个领域：前三种学习结果属于认知领域(包括知识、技能和策略)，第四种学习结果属于动作技能领域，第五种学习结果属于情感领域。把人类的学习结果分为认知、情感和动作技能三个领域几乎成了一切心理学家和教育心理学家的共同认识。由于学校教学目标就是预期的学生学习结果，因此这一学习结果分类对教师确定教学目标也有着直接的指导意义。

（二）突出学习者地位的教学理论

突出学习者地位的教学理论是基于对皮亚杰的认知结构理论的发展所形成的一种建构主义的教学理论。其特点在于强调教学过程应突出学习者的主体地位，强调教学要以促进学习者自我意义建构和发展为原则，注重学习者的积极参与，注重学习过程，注重学习主体的内心体验，倡导和谐、平等的教学氛围。注重情感在学习中的重要性，以及与学科教学内容有关的特殊经验。尽管这些原理一时还难以转换成教学设计的具体步骤，但对教学及教学设计的影响和启发却是显而易见的。这些观念也正是新课程所提倡的。

四、现代信息技术与英语学科的整合

信息化是当今世界经济和社会发展的大趋势。以多媒体和网络技术为核心的现代信息技术的迅猛发展，对人类的产生方式、生活方式、思维方式以及学习方式都产生了重大影响，信息技术与课程的整合是我国新一轮基础教育课程改革的新视点。这是一种既与传统的学科教学有着密切联系，又具有相对独立性特点的新型的教学类型。信息技术应用到教育教学过程后，引起了学习环境、学习资源、学习方式的信息化。

信息技术与课程整合的核心是数字化学习。在过去很长一段时间里，人们把信息技术应用到教学过程中存在的一个偏向，就是把信息技术作为演示工具，把太多的注意力放在单纯的事物演示和教学内容的呈现上，而未能充分发挥信息技术具有数字化的优势，更忽视了与学科课程的有效整合。从目前国内外研究的现状看，信息技术与学科课程整合的实质是如何将信息化的课程学习内容和资源放在数字化学习环境中运行，进行课程内容学习，从而实现课程教学目标，让学生学会进行数字化学习。

　　与传统学习方式相比，以数字化学习为核心的信息技术与课程整合具有以下特征：学习是以学生为中心的、个性化的、能满足个体需要的；学习是以问题或主题为中心的；学习过程是交互的、协商的和合作的；学习是具有创新性和再生性的；学习可以是不受时空限制的、终身的学习。

　　信息技术与学科课程整合的关键是如何有效地应用数字化技术的优势达到课程学习的目标。因此，要培养学生学会把信息技术作为一种认知工具，来获取知识信息、探索问题、协作讨论、解决问题和建构知识。在英语学科教学中，主要包括以下几点。

　　（一）作为获取知识的工具

　　将信息技术作为获取课程学习内容和学习资源的工具，是发现和获取所需信息的一种良好途径。比如，利用搜索引擎，可以非常容易地查询和挖掘到网络环境中珍贵的数字化学习资源。

　　（二）作为创设情景的工具

　　根据一定的课程学习内容，利用多媒体及网络技术创设有趣的、真实的社会、自然情景，让学生具有真实的情景体验，在特定的情景中理解英语。将信息技术作为获取课程学习内容和学习资源的工具，是发现和获取所需信息的一种良好途径。从而可以激发学生的学习兴趣、培养其科学的观察、思考、发现并解决问题的能力。

　　（三）作为交际讨论的工具

　　学生可以借助 Net Meeting、Internet Phone、E－mail、Chat Room 等网络通信工具，实现相互之间的交流，参加各种类型的对话、协商、讨论活动。

　　（四）作为知识建构的工具

　　利用文字处理、排版、演示文稿等工具，通过信息集成、网页开发来整合信息，建构知识。

　　（五）作为学习反馈的工具

　　学生通过使用数字化的试题库及其测评、分析、管理系统进行学习水平的自我评价。

第三节　小学英语教学设计的过程

　　教学设计的过程是系统化的过程、是充满创造性的过程。因此作为一名小学英语教师，首先应该掌握教学设计的基本过程,只有这样才能更好地领会教学设计的原理和方法,从而使自己的教学工作在此基础上既不拘泥于基本规范,又有一定程度上的开拓创新。结合小学英语教学的特点,其教学设计的基本程序一般可以分为如下几个环节。

一、教学设计的前期准备环节

教学设计的前期准备主要是指通过对教学内容的研究,对教学对象、教学条件和相关资源的分析,查明教学系统的初始状态与目标状态之间的差别,以进一步明确教学活动所要解决的问题,制定教学目标,再将目标转化成问题情景并正确地加以界定和阐述。前期准备是否充分,很大程度上决定了教学设计质量的高低。一般情况下设计前期的准备分析主要包括教学背景分析、教学任务分析和学习者分析。

(一)教学背景分析

在教学设计中,背景分析的目的是通过分析教学系统的背景因素,以及教学设计产品使用的物质条件和教学特性描述教学系统是如何在"真实世界"的系统中进行的。具体来说,教学关注教师、学生、内容和环境等因素,教学背景分析也一样要从这几方面去了解和研究它们在教学前的实际状况。一是了解学生在知识技能方面已经达到的程度,对于本内容的学习所需要的感情态度、学习方式都有哪些准备等。二是对于本教学任务的完成,在诸如教学媒体设施、班级的设置等硬环境,以及教学理念、教学风格、学习氛围、教学评价等软环境方面,当前已有哪些准备。同时,还应注意主、客观两方面因素对环境带来的影响。

(二)教学任务分析

教学任务分析是教学设计中最为关键的教学资源分析阶段。其中学习任务既是制定教学目标的依据,也是未来教学的核心内容。在教学设计过程中,倘若不去作任务分析,只是依据教师的个人经验或通过模仿别人的教学经验而作出任务界定,其教学效果往往很难达到理想状态。虽然教师的经验是宝贵的,但是它不能代替所有教学理论、学习理论指导的任务分析工作。对于教学任务的理解,首先要把握课程标准的要求,依据课程标准和教材的提示去选取和组织恰当的内容,当然这些内容还只是显性的。因此,教师对教学任务的分析还要把握内心所组织的内容以及由于师生间思维碰撞而产生的方方面面的智慧的火花,也即把这些内容作为隐性的部分。此外,教师还要对课标的要求和教材的内容予以二度加工,进行再创造。

(三)学习者分析

对学习者的分析首先要分析学习者的起点状态,包括他们原有的知识水平、基本技能、学习动机和学习状态等;同时还要分析学习者从起点状态过渡到终点状态所应掌握的知识技能和应形成的态度与行为习惯。其目的是了解学习者的学习状态(包括学习者已有的知识和经验、认知策略等)及学习风格与学习态度、学习情感等人格因素。教学设计的一切活动都是为了学习者的学,因此,对学习者的分析为教学设计的一切活动提供了依据。比如从学生的实际情况出发,对学生的学习心理、思维障碍的表现与成因进行分析,结合学习情况考虑学生在学习某一任务时的心理特征及会遇到的困难,根据学习特征考虑造成学习困难的原因等,把学生的知识准备、思维特征、迁移能力以及学习态度和方式一一进行仔细分析,以帮助学生解决学习中的困难,完成任务。

二、教学设计的实际操作

通过前期的分析,教与学的初始状态已基本清楚了,接下来便是如何把初始状态转变为目标状态,也就是通过明确教学目标、分析任务进度、确定教学策略、选择教学方法、设计教学媒体等,寻求解决问题的方案。

(一)方案制订的原则

教学设计无论是课程教学设计还是课堂教学设计,在具体设计的过程中都应该把握好如下原则。

1. 把握好指导教学设计的教学新理念

如何使英语课成为学生特别喜欢的一门课程,如何通过一节节生动、活泼、有效的英语课使学生的英语基础知识和语言综合技能得到更好、更快的提高,从而培养出富有创新精神和实践能力的新一代,这是新课程改革中英语教师必须面对的一个问题。要想使自己英语课的课程计划、课程标准和课程目标真正落到实处,使学生的英语水平得到应有的提高,英语教师迫切需要在新一轮课程改革的背景下,研究和讨论指导英语教学设计的理念和策略。

2. 把握好课程教学活动的预期结果

这一原则旨在追求学生的学习效果。教师教学的各方面设计,教学效果如何,最终要体现在学生的学习效果上。这就要求教师的教学目标要清楚地表明在什么教学情景下教学生什么内容,学生的学习是否达到了预期的效果。

3. 把握好课程教学进程的各个环节

该原则强调教师的教学设计要突出学生的参与,明确自己的教学思路,同时还要给学生以足够的空间与时间,教学设计的各个环节要有利于引发学生的兴趣。

(二)方案制订的方法

事实上,教学设计并不是单纯地从若干个给定的方案中选取一两个好方案的问题,而首先应该是一个对合适的问题解决方案进行开发生成的问题,就是要理清设计的思路。这一开发生成的过程主要有三种思维加工方式。

1. 启发搜索式

首先要分析教学设计的目标,将初始状态与目标状态之间大的差异分解为小的差异。然后从消除小差异、实现子目标开始来试探、搜索解决的策略。

在这一进程中,任何一个子目标,对上一步搜索而言,是一个目标,而对下一个搜索而言,则为手段。整个探索寻求的过程可以看成为"手段"和"目的"所构成的树状网络。同时,目标和手段的选择,并不是尝试错误式的,而是依据一定的启发信息作出的。这些信息包括学生原有的知识水平、学习兴趣、学习动机、课堂教学理论等。利用与设计任务有关的信息,可以缩小问题的空间,大大减少搜索总量。

2. 条件约束式

这种方式是用设计条件和教学条件作为约束条件来逐步缩小问题空间,直到找出所有约束条件的一个或几个靠谱的方案。在教学设计中常常会遇到这样的情况:某些教学设计构思新颖,但由于缺乏相应的教学设备,或者时间不允许,或者学生原有基础薄弱,或者教师自身素质水平达不到要求等,终究还是被否决。这便是一种条件约束式的检索过程。

3. 逻辑推理式

教学设计实施之前,要考虑用什么方式和方法给学生呈现教材,提供学习指导;用什么方法引起学生的反应并提供反馈;对那些教师有可能用到的教学手段、学生有可能用到的学习方法进行周密思考,适当取舍,尽量避免在那些很有可能行不通的测试上浪费时间。通过逻辑推理聚集越来越多的有效信息,使教学设计的方案理想化。

三、后期的评价与修改

这里的评价是指对已经完成的教学设计方案进行分析和价值判断的过程,即对教学设计的成果进行评价。在评价过程中,如果发现找出来的方案不能令人满意,则需要进行必要的修改,甚至进行新搜索、新开发。这种分析评价与修改不仅要根据科学事实,而且要依据价值需求,对教学过程中应该怎么办的问题进行判断;有时还需要在进行理性分析、听取多方面意见的基础上进行试用,并根据实际试用的情况,对教学设计的方案进行修改和完善。

第四节 小学英语教学设计的内容及其方法

教学设计是一项系统工程。完整的教学设计一般包括教学目的的设计、教学内容的设计、教学程序的设计、教学方法与媒体的设计、教学时间的设计以及教学评价的设计等几项内容。

一、教学目标的设计

教学目标是指预期的学生学习结果或教学活动要达到的标准。作为规定教学活动方向的重要指标体系,它既是评价教学过程的标准,又有指导教师进行教学策略选择、引导学生的学习活动的功能,是教学活动的出发点和归宿。因此,确立合理、良好的教学目标是教学设计最重要的任务之一。教育心理学家们提出的教学目标分类理论和技术(主要有布卢姆的教学目标分类体系和加涅的学习结果目标系统),对教学目标的确立和设计具有重要的借鉴和参考价值,成为教学目标设计的心理学理论基础。

(一)分析预期的教学目标

一般来说,教学目标的设计通常应从提出问题入手,然后以解决问题为目的来收集各方面信息,最后在分析这些信息的基础上制定教学活动的目标体系。具体来说有以下几个步骤。

1. 建立目标

即围绕教学内容,按照布卢姆或加涅等的目标分类体系,建立一系列具体的相关教学目标。

2. 提炼目标

即将前面建立的全部目标进行分类和比较,去掉那些重复或相似的目标,提炼那些模糊的目标。

3. 排列目标

即按照一定的标准(通常是根据目标对于实现目的的重要性程度)对提炼后的目标进行选择和排列,区别主要目标、核心目标与次要目标、支持目标,并明确它们之间的关系。

4. 再次提炼目标

即再次对目标进行提炼,确保目标的价值。一方面,将已经确定的目标与现实教学活动进行比较,确定两者之间的差距,从而保证目标的必要性和可行性;另一方面,将已确定的目标与本学科总的教学目标进行对照,确定两者之间的相关性,以保证每个目标确实是围绕某个共同的目的而设计的。

5. 再次排列目标

即对目标进行最后的排列,以形成教学设计的目标体系。这些都需要英语教师在其教学设计的过程中通过反复思考、推敲、练习和交流来不断获得和提高。

(二)陈述既定的教学目标

明确了教学活动要达到哪些目标之后,紧接着要解决的问题是如何科学地陈述这些教学目标,以保证所制定的教学目标是明确的、具体的、有效的。这是教学设计必须解决的重要技术问题。能否清晰、准确、简明扼要地表述教学目标对教学设计具有非常重要的意义。它不仅可以为教师规划和设计教学(安排教学活动,选择和组织教学内容与教学程序)提供指导,而且为教师提供了评估学生成绩、评价教学本身的标准。对教学目标的陈述应注意以下三点。

第一,教学目标陈述的是学生学习的预期结果,包括其认知水平、情感态度、动作技能三个领域。

第二,教学目标的陈述应力求明确、具体,可以观察和可以测量,尽量避免用含糊不清和不切实际的语言来陈述目标。

第三,目标的陈述应反映学习结果的类型。从目标导向教学设计的过程来考虑,宜采用加涅的学习结果分类理论;从目标导向教学结果的评价来考虑,可以采用布卢姆的教育目标分类理论。

二、教学内容的设计

教学内容的设计是指教学设计者依据教学内容分析的理论和方法,认真分析课程标准与教材,合理选择和组织具体的教学内容,并合理安排教学内容的表达或呈现的过程。教学内容的设计是教学设计的主体部分,也是教学设计最关键的环节,其质量的高低直接影响到教学活动的成败。对教学内容的设计应注意运用以下操作方法。

(一)分析教学内容

对教学内容的分析主要从两个方面来入手:一要分析本部分内容的教学在学科总体教学目标达成中的作用如何;二要分析本部分内容的教学活动会对学生的一般发展起到怎样的促进作用。这是制定本部分教学目标的总的指导思想和依据。具体可以从下列几个角度来进行。

1. 领会整体内容

教学设计者首先要有效地理解、领会和掌握教学整体内容,找出新知识与原有知识的结合点,理清二者的相互关系。同时还要提示学生回忆其原有知识,帮助学生在理解的基础上有效地吸收、同化新知识。

2. 分析知识结构

系统论指导上的教学设计要求将每一阶段的教学都放到总的教学系统中加以分析。这就是对教学内容进行结构分析。结构分析有两方面的含义,一是指教材本身的知识结构体系分析,二是指结合学生的发展状况进行的学习目标分析。

3. 学习类型分析

尽管从表面上看,教学所用的材料(课程标准、教科书、辅助资料、教学媒体等)是一样的,学生的初始水平也相当,但不同的教师的教学结果大相径庭。其原因之一是对教学的着眼点不同,这与对学生学习类型的分析是否到位有关。如何分析学习类型,我们提倡依据加涅的学习结果分类理论和现代教育心理学的知识分类理论来进行。这些理论对于指导教学设计有很大的价值。

4. 找准重点、难点

一部分教学内容或一堂课的教学目标可能有若干层次,但根据学生的认知发展规律,总有一项是最突出、最重要的,这是教学中必须给予特别关注的知识点,我们称之为教学重点。

教学内容中总有些是学生已有知识经验中不具备的,有些甚至是与学生已有的知识经验相抵触的,教学设计中必须认真加以研究,设置合适的知识台阶引导学生去跨越,这样的知识点我们称之为教学难点。只要教学设计合理,教学难点应该是能够很好地突破的。

(二)设计教学内容的呈现

呈现教学内容的过程也就是让学生感知新知识的过程。针对小学英语教学,其含义是将新的语言项目,即新的词汇和表达方式、新的句子结构和功能等初次介绍给小学生。为了使新语言项目的介绍收到良好的效果,教师或者教学设计者要注意选择恰当的呈现方式,并努力做到新内容呈现手段的多样化。例如运用巧妙的导入法、创设适宜的情景、恰当使用教学媒体等。同时还要注意吸引学生参与感知新内容的听说活动,并注意从已知到未知、由旧引新、由浅到深、由易到难,做到在一种能使意思明了的情景中清楚自然地呈现出新的语言内容。在这一步骤中,教师的任务是充当好"示范表演者"的角色。

(三)设计讲解和操练

教师在学生充分感知新内容的基础上,交代规则,强调重点,指出汉语与英语某些表达方式上的异同及规则和习惯用法上的差别,把学生的感性认识提高到理性认识。教师讲解的主要内容应该是那些学生似懂非懂,又带有普遍性、规律性的疑难点。

操练一般以模仿、重复和替换等机械性口头练习为主。其目的是使学生尽可能正确地模仿教师所说的话语。利用多种方法鼓励学生反复模仿、反复练习,直到能记住为止。在这一步骤中,教师既是组织者,可以决定是让全班还是让个别学生进行练习;同时也是指挥者,像乐队的指挥一样,可以用手势来区别要全班还是小组或是个人做出反应。当然操练要适时、适度,否则也难以达到理想的效果。

(四)设计和练习

这一步骤主要是让学生试着独立运用语言,教师要逐渐减少对学生的控制。但要注意学生表达的连贯、流畅和信息量。这一阶段教师的职能是监听者或是裁判员。教师要在班上四处走动,仔细听并给予必要的帮助,同时还要随时鼓励学生自己选择要使用的语言。

三、教学方法和媒体的设计

教学方法的设计和教学媒体的设计是密切相关,相辅相成的。一方面,教学方法的运用离不开教学媒体的配合,教学方法具有物质性的特点;另一方面,教学媒体的使用必须贯穿一定的教学方法。

(一)教学方法的设计

教学方法是教师和学生为了达到教学目标,在教学原则的指导下,借助一定的教学手段(工具、环境)而进行的师生相互作用的途径、方式等,包括教师教的方法、学生学的方法以及师生相互作用的方法。采用和选择适当的教学方法的目的在于用恰当的、学生最容易接受的方式呈现教学内容,强化和调节学生的学习行为,获得最优化的教学效果。对它的选择和运用要受到教学目标、教学内容和学生的认知基础的制约,要有利于知识的传授,以及能力、情感、态度等的培养。这就要求教师必须按照一定的科学依据,综合考虑各种因素和自己所具有的各种条件,选取适当的教学方法,并合理地进行组合,才可望收到理想的教学效果。通常情况下,教师在选择教学方法时要遵循如下几个要求。

1. 要明确教学方法的选择标准

一般来说,小学英语教学方法的选择标准主要有:①依据教学的具体目标与任务;②根据教学内容的特点;③依据小学生的身心发展状况;④依据教师自身的素养;⑤依据教学方法本身的特点;⑥依据教学时间和效率的要求。此外,还要综合考虑教学环境、教学设备条件等。

2. 要尽可能地熟悉古今中外的教学方法

要熟悉古今中外的教学方法,尤其要了解新的教学方法,以备自己选用。针对小学英语的教学,常用的方法有讲授法、演示法、谈话法、讨论法、练习法、实践法、探究法和尝试法等。新课程还提倡采用情景模拟、角色扮演、交际辩论等多种教学方法。

3. 要对选择的教学方法进行充分的比较

要对各种可供选择的教学方法进行充分的比较,主要比较它们之间的特点、适用范围、优越性以及局限性等。在此基础上进行选择和组合,从而获得理想的教学效果。

4. 要教给学生学习的方法

新课程强调教学的最终目的不单是教给学生更多的知识,更重要的是要激发和培养小学生的学习兴趣,教给他们学习的方法,思考的方法,发现问题、分析问题和解决问题的方法,最终学会学习。

(二)教学媒体的设计

教学媒体是承载和传递教学信息的载体或工具。教学设计中的媒体既包括投影、电影、录音、录像、计算机软件等现代化教学工具,又包括教科书、黑板、粉笔、图片等传统教学工具。教学实践表明,从抽象到抽象的认知过程根本不符合小学生的年龄和心理特点,往往会使学生产生厌学、惧学的情绪,或在学习中生搬硬套、生吞活剥,不利于知识的掌握和能力的培养。而教学媒体的正确选择和使用可以把微观的、看不到摸不着的、学生无法感觉到的知识清晰地展现在学生面前,弥补了常规教学方法不能变静为动的缺陷,从而使难点迎刃而解,重点得以突出,为教学信息便捷、高效地传递提供了可能。同时也为教学效率的提高奠定了物质基础。因此,根据教学的需要,对各种媒体进行适当的选择、组合是小学英语教学设计的重要内容之一。

要想使教学媒体发挥出应有的作用,教师或教学设计者必须从以下几个方面考虑教学媒体的选择与设计。

1. 依据教学目标选择和设计教学媒体

这是最为关键的因素,要首先给予考虑。一方面,不同类型的教学目标,要求所使用的教学媒体也不尽相同;另一方面,在选择教学媒体时,要考虑媒体的使用是否有利于达成特定的教学目标,是否符合具体教学任务的实际需要,是否切合教学内容的性质和特点。

2. 依据学习者的实际情况选择和设计教学媒体

进行教学设计时,教师要始终把学生放在教学活动的中心地位,使学生的积极性、主动性得以充分发挥。在选用和设计教学媒体时要考虑学生的年龄特点和学习的实际需要,充分地利用媒体的优势来激发学生的学习兴趣,发展他们的学习潜能。

3. 依据学习情景的特征选择和设计教学媒体

在进行教学设计时,教师要注意在具体的学习情景中考虑所选的媒体是否有效、易行,是否适合学习、支持学习。

4. 依据媒体的技术特性选择和设计教学媒体

媒体的技术特性即媒体呈现教学信息的物理特征,如颜色、声音、运动、图画等。如果通过媒体传递的教学信息涉及上述一些特征,则在选择时就要考虑使用具有这些特征的媒体。

鉴于对媒体的认识,教师还应注意:媒体始终只是媒体,利用它可以提高教学的效果,但代替不了教师对学生的综合影响,不能过分夸大媒体的作用,一味依赖媒体;媒体的使用不可追求形式化,应根据实际情况,优先使用直观、简单、低耗值、高性能的媒体,应发挥各自不同的技术优势。

四、教学时间的设计

教学活动总是在一定的时间内进行的,教学时间是影响教学活动的一个重要因素,控制和改变教学时间在一定程度上也就意味着控制和改变教学活动。教学时间的设计主要有以下几个方面。

(一)教学整体时间的分配

教学整体时间的分配主要是指教师在设计教学时,首先应对一个学年或者一个学期的教学时间进行总体分配,然后依据课程标准的规定和教学的实际需要对整体教学时间(通常以一学期为限)作出具体的合理规划。

(二)单元课时的科学规划

教师在依据课程标准或教学大纲认真分析单元内容包含的知识点以及重点、难点时,应同时分析学生应有的知识准备状况,以确定本单元所需要的教学时间(课时数),并对相应的内容作出规划和安排。

(三)单位课时的合理安排

教师在确定了单元课时的内容后,通常要对课堂教学的各个环节进行具体设计,即对各教学环节进行有机组织安排各个环节的先后顺序,使之前后衔接,成为一个合适教学的整体结构。

(四)实际学习时间的保障

保障学生的实际学习时间是提高学习效率,达到教学目标的最基本前提。教师一方面要通过加强管理,尽可能减少学生的迟到、早退及无故缺勤现象;另一方面要通过自身的教学设计和实际教学,吸引学生的注意并激发其学习兴趣,用娴熟的教学艺术强烈地感染和吸引学生,提高其教学中单位时间的利用率。

五、教学评价的设计

教学评价是依据教学目标,运用评价的方法和手段对教学活动以及预测的教学效果进行价值判断的过程。教学评价是检验教学效果和调整教学过程的重要手段,是教学系统的重要组成部分。它不仅是检测教学目标是否达到的手段,更是达成教学目标必不可少的重要步骤之一。合理地进行教学评价的设计,不仅有利于对教学方案的有效性作出分析评估,并依据从中获得的反馈信息对原教学方案及时进行修改和完善,而且有利于教学目标的达成。

对于课时教学设计来说,教学评价可分为教学过程的评价和教学终端的评价两种类型。教学过程的评价是教师在教学过程中通过课堂教学问题的设计,来评价教学目标实施的效果。根据实际情况,对学生的表现适时进行鼓励性评价,尤其对学生的思维成果的鼓励性评价,对于更好地完成教学任务,具有重要的意义。终端评价是通过反馈练习,巩固重点知识,突破难点知识,来评价学生获得和掌握新知识的情况。评价的设计要遵循由简到繁、由易到难的循序渐进的原则,面向全体学生,使大多数同学都有获得知识的成功感;从教材的要求和学生的实际出发,遵循因材施教的原则。通过评价练习,教师可以收集反馈信息及时补救教学,同时可以使学生巩固所学知识、强化记忆并运用所学知识分析解决实际问题。

教学设计者在进行教学评价设计时应注意以下几个方面。

第一,选择好的、有效的评议手段,注意针对性。

第二,把握好评价的最佳时机,注意适时性。

第三,考虑教学的各个层次,注意全面性。

第四,应用评价不同行时,注意多样性。

第三章　小学英语课堂教学技能

第一节　小学英语课堂导入与教学组织技能

一、小学英语课堂导入

课堂导入艺术是指在新课开始或某一教学阶段之前,通过一定的教学手段将学生的注意力吸引到特定的教学任务中,以引起学生注意,激发其学习兴趣,形成学习动机,建立起前后知识间联系的一类教学行为。它是课堂教学中的重要环节,是承上启下,温故知新的必然途径。课堂教学中自然、新颖、富有趣味的导入,最能吸引学生的注意力,使学生自然投入新课学习的氛围中,激起他们活跃的思维,提高积极参与语言交流的热情,降低新内容的难度,实现新、旧知识的自然过渡,优化学习效果。作为一名小学英语教师,应该明确课堂导入的功能及其重要意义,掌握小学英语课堂导入艺术的基本方法,根据学生的心理和生理特点,努力探索小学英语课堂导入艺术,努力提高小学英语课堂教学效率。然而,有些教师在教学中不善于导入环节的设计。有的教师设计的导入环节过于程式化,似乎总是通过师生互致问候或询问日期、星期几、天气、学生出勤情况等问题开始新课;有的教师习惯于以值日生报告的形式开始新课,大多是两名学生在前面表演一段对话,表演结束后,教师一般既不加以评价,也不与学生就对话内容进行信息交流而进一步引出新话题,使值日流于形式,降低了值日效果,无法实现复习检查与话题引入的有机融合;有的教师刻意设计一个新课导入环节,但缺乏自然性和新颖性;有的教师设计的导入环节形式很新颖,但只是为了调动学生的积极性而设计,与本节课学习内容不相关,失去了水到渠成的流畅和温故知新的实效;甚至有为数不少的教师在教学过程中干脆没有话题导入的环节设计,直接开始上新课,使课堂教学显得苍白无力,毫无生机。因此,如何设计新颖、高效的课堂教学导入环节是深化课程改革中需要特别关注的问题之一,也是最能体现教师基本素质和施教技能的问题,关系教学效果的提高和英语教师的自身专业发展。

导入作为课堂活动第一个重要的课堂教学环节,其心理任务主要在于激发学生的兴趣和情感,使学生产生学习动机,把学生引进课堂情境中来。小学英语教学缺少必要的真实语言环境,小学生爱玩好动,心思很难集中到课堂上,这就要求英语教师在教学中根据教材内容、教学目标,学生年龄特征、心理特征等情况,讲究精彩的导入艺术,在课堂黄金阶段——

导入这第一环节牢牢吸引学生的目光,赢得学生高度的注意力和高涨的学习热情,让课堂教学踏出成功的第一步。

(一)英语广播体操 TPR 活动导入,让学生动起来

TPR(Total Physical Response)"全身动作反应"教学法,是根据我们学习母语时所产生的自然身体反应而发掘出来的一种新的语言学习方法。它通过身体动作和其他直观手段创设语言情境,体现了"在做中学"的原则,符合小学生的年龄特征,有利于学生理解和掌握语言,能活跃课堂教学气氛,激发学生学习语言的兴趣,还能加强动觉训练,提高肢体运动智能。小学生活泼好动,在英语课堂中用英语广播体操 TPR 活动来导入不失为一种好方法。

注意:用"全身动作反应"活动导入课堂是个有趣且有效的教学方法,但是要熟练得体地应用到教学中并不是一件容易的事情,每个肢体语言,包括动作、表情、声音的设计,都要教师多花心思,力求做到恰到好处。教师是学生的模仿对象,不雅和太过夸张的动作不宜带到课堂上来,否则就会弄巧成拙,造成课堂混乱等负面影响,达不到教学的效果。

(二)英语歌曲活动导入,让学生唱起来

英语歌曲具有优美动听的旋律和轻松欢快的节奏,对于激发兴趣和分散难点,激活学生大脑细胞,调节学生的学习情绪起到很重要的作用。在组织教学中融音乐与英语为一体,能帮助学生复习理解,表现情境内容,创设有声语言环境,使学生自然投入。通过听歌曲来导入新课是一种行之有效的教学手段,深受小学生欢迎。歌曲"In the classroom""Colour song"等都是与课文内容相配套的单词和句型,教师可以充分利用它们来进行教学。此外,英语歌曲活动还可扩大到利用或自编咏唱导入课堂。简单易记、朗朗上口的儿歌,再配上简单的动作,不仅能活跃气氛,而且能培养学生的语感。

注意:用歌曲导入课堂要有导向性,所选歌曲要能自然进入新授内容。并不是每节课都牵强附会地放些英语歌曲,而要从本节课的教学目标出发,挑选合适的英语歌曲为学习新授内容作铺垫。教师可将教材中好听的英语歌曲集中录制,这样使用起来也比较方便。

(三)游戏活动导入,让学生乐起来

语言学家克鲁姆说过:"成功的外语课堂教学应创造更多的条件,让学生有机会运用已学到的语言材料。新颖别致的游戏能吸引学生的注意力,最大限度地调动学生的主动性和积极性,让他们专注于所学知识,积极参与课堂活动。"游戏是儿童的天性,游戏活动能使抽象语言内容变成一种具体、形象的情境,具有直观性、趣味性和竞争性等特点,能有效地激发他们学习的积极性。在游戏中导入新知能瞬间抓住学生的心,起到安定情绪的作用,是学生喜闻乐见的学习方式。一个好的游戏导入设计,常常集新、奇、趣、乐、智于一体,能最大限度地活跃课堂气氛,消除学生上课的紧张心理,学生可以在轻松愉快,诙谐幽默的游戏氛围中不知不觉地习得新知,在愉快的游戏活动中实现"主体、生动,发展"的学习。如在教玩具类单词 doll, car, plane, boat, balloon 一课时,教师可用猜一猜游戏导入,学生被吊足了胃口,

可能猜 pencil，crayon...，教师通过一一亮出大口袋里的物品，一边复习旧知，一边自然导入新词。

注意：游戏以独特魅力登上英语课堂教学舞台，用得恰当可起到锦上添花的作用。用游戏导入课堂针对性要强，要面向全体，照顾大多数学生的实际情况，游戏设计不宜过难或过易，要实用，不图热闹，不走过场，不摆花架子。

（四）故事活动导入，让学生想象起来

英国哲学家洛克说："教员的巨大技巧在于集中学生的注意力，并且保持他的注意力。"上课伊始，教师一说故事，学生会马上安静下来，教师可及时把学生的无意注意转换到有意注意上来，达到导入新课的目的。此外，用故事导入教学能创设良好的学习氛围，激发学生学英语的潜力和无限想象力，拉近师生之间的心灵距离。教师应该遵循小学生爱听故事的心理特征，把一篇枯燥乏味的课文改成一则小故事，结合图片、手势、表情来辅助故事讲解，不仅能有效地吸引学生的注意力，自然导入新课，还能启迪学生的心智，培养学生丰富的想象力和欣赏力。

注意：教师用故事活动导入要使用简短、重复率高的语言，能自然而然地和课文单词、句型联系起来。教师所设计改编的英语故事，其内容和人物角色是学生熟悉的，其情节要有趣易懂，必要时还可以夹杂汉语。如英语故事太难，很可能导致学生茫然，不知所云，更不要说起到活跃课堂，吸引学生的作用了。

（五）绘画活动导入，让学生沉浸在色彩中

英汉是两种完全不同的语言，而图画则可以成为沟通两种语言的中间媒体，它可以一目了然地告诉大家教师在讲些什么。简笔画、卡通画形象直观，是小学英语教学中常用的传统媒体的一种。利用画简笔画、卡通画导入新课可以设下悬念，激发学生的想象力和兴趣，让学生的内心自然地迸发出激情的火花，让学生不知不觉跟着教师步入课文的情境。卡通画可以让无生命的东西因添加了手、足而变成一个个可爱的小精灵，使枯燥难记的英文单词变得有趣，易于掌握。除了利用简笔画、卡通画，还可以借助另外更多的画种，让生动的形象、丰富的色彩激起学生学习英语的兴趣。如在教水果类单词时，教师可在黑板上画一个圆圈，让学生想像是什么，教师通过学生的思维随手添加，慢慢变成 ball，balloon 等逐渐过渡到新词 watermelon，apple，orange，pear，peach...，这样可吸引学生的注意力，开发学生的发散性思维，激发和强化学生的学习兴趣，导入得自然得体。这一导入过程运用启发式教学法和比较法，学生通过黑板能直观、清晰地分辨出本课新的语言项目，培养学生的总结能力和主动思维的习惯，让学生充分体会到"联结知识，温故知新"的感受。

注意：绘画活动导入教学，对教师绘画要求较高，要求教师在较短时间内快速完成，否则再怎么精美的图画因为占用课堂时间过多，势必影响课堂节奏。

（六）情境表演活动导入，让学生演起来

英语会话的特点具有交际性，而交际总是在一定的情境中进行的。在教学中，教师可充分利用形象，布置生动具体的场景，模拟真实的情境，创设接近生活的真实语言环境来激起学生的学习情绪，从而引导他们从整体上理解和运用语言。情境表演导入新课可以充分发挥学生的主观能动性，有利于课堂环节的自然过渡，有利于营造和谐的课堂气氛，有利于加大学生的语用动力，更是教师创造性导入教材内容的体现。小学英语教材有很多内容可改编成简单的情境表演活动来导入，既容易又逼真，趣味性强，小学生善于模仿，表演时全身投入，神态惟妙惟肖，可给整堂课增色不少。如在教"teacher, student, come in, I'm sorry. It's OK."这几个单词、词组和句子时，教师设计了一个让学生假装迟到的情境活动，学生在课堂铃声响过后敲门并说："May I come in?"教师通过手势做请进的动作："Come in."学生低头进来："I'm sorry."教师摸摸他的头："It's OK."整个情境表演让学生一目了然，很快掌握了教学内容。

注意：情境表演活动导入课堂具有形象、逼真、趣味性强的特点，导入自然，用得巧妙有很好的铺垫效果。从整堂课节奏把握、表演的视觉美感出发，无论是师生间表演示范还是学生间表演都应预先排好，情节应做到真实自然，避免作秀。

小学英语教学中新课的导入在整个教学中是一个重要的环节，它直接影响着学生学习的情绪和效果。引人入胜的导入能使教学内容以新鲜活泼的面貌出现在学生面前，使学生以最佳的心理状态投身到学习活动中，为整个课堂教学打下了良好的基础。

英语新课的导入方法多种多样，教师要在实践中不断发现和创新，灵活运用，但在设计和实施的过程中，应该注意：

第一，导入不能占用课堂太多时间，以免影响教学进度和重点内容的教学。

第二，要有针对性，不要与课堂或教学目标脱离。根据不同的教学目的、教学内容及特点采用多样化方式。

第三，导入要注意教学环节之间的连接，有针对性，过渡要自然。

教学有法，但无定法，贵在得法。导入的方法和形式多种多样，没有固定的形式，而导入的成败直接影响着整堂课的教学效果。因此，教师要根据教学内容、教学目标、学生的年龄特点和心理生理特点及英语学习的实际情况，灵活设计导入形式，将各种导入方法优化组合，以求得最佳的教学效果。

二、小学英语课堂教学组织

课堂组织教学是指教师通过协调课堂内的各种教学因素有效地实现预定的教学目标的过程。课堂组织教学是一项融科学和艺术于一体的富有创造性的工作。要做好这项工作，教师不仅要懂得课堂教学规律，掌握一定的教育学、心理学知识，还必须关注每一位学生，运用一定的组织艺术，努力调动学生的有意注意，激发学生的情感，使学生在愉快、轻松的心境中全身心地投入学习中去。

（一）声音控制法

声音控制法是指教师通过语调、音量、节奏和速度的变化，来引起和控制学生的注意。例如，当教师从一种讲话速度变到另一种速度时，学生已分散的注意力会重新集中起来。教师在讲解中适当加大音量，也可以起到加强注意和突出重点的作用，高低声游戏就是利用了这个原理。

（二）表情控制法

丰富的表情变化可以起到控制学生注意力的作用。教师的表情可以表达对学生的暗示、警告和提示，也可以表达期待、鼓励、探询、疑惑等情感。教师面部表情、头部动作、手势及身体的移动也传递着丰富的信息，有助于沟通师生间的交流，调控学生的注意力。

（三）停顿吸引法

适当的停顿能够有效地吸引学生的注意力，可以产生明显的刺激对比效应。喧闹中突然出现的寂静，可以紧紧抓住学生的注意力。一般来说，停顿的时间以 3 秒左右为宜，这样的停顿足以引起学生的注意。停顿时间不可过长，长时间停顿反而会导致学生注意力的涣散。

（四）目光注视法

教师的目光注视可以在学生中引起相关的心理效应，产生或亲近或疏远或尊重或反感的情绪，进而影响教学效果。因此，教师可以巧妙地运用目光注视来组织英语课堂教学。如开始上课时，教师用亲切的目光注视全体学生，能使学生情绪安定下来，愉快地投入学习。再如，课上有学生注意力不集中，教师可以用目光注视提醒学生注意听讲。

（五）情感暗示法

情感在课堂组织教学中，发挥着动力的作用。如果学生对教师、对课堂缺乏情感，就不能有效地进行学习活动。因此，教师要善于运用各种教学手段，培养和引导学生积极向上的情感，并在成功中产生新的学习动机。

（六）姓名举例法

在英语单词或课文教学中，教师常常运用人物名字作主语进行造句或创设情境，以加强学生对所学单词或课文的理解，如果发现有的学生走神、做小动作、低头看其他书籍等，教师可以抓住时机，用这个学生的名字作主语造句或创设情境，这样既可以顺利完成教学任务，增加英语教学的真实性，又可以起到提醒学生的作用。

（七）短暂休息法

连续的操练之后，部分学生可能会出现精神疲劳、注意力分散的现象，针对这种情况，教师的提醒或警示对学生注意力的长久保持已无济于事。这时，教师可以播放一段或唱一首英文歌曲，让学生放松片刻。这样，不但能消除学生的疲劳，活跃课堂气氛，而且能增加师生间的感情。

(八)手势示意法

在英语课上有的学生自控能力差,不时会交头接耳。针对这种情况,教师可以用双手向他们做出一个暂停的动作或将食指按住嘴唇做出安静的表示,以示意这部分学生保持安静或终止违纪行为。

(九)媒体变换法

在课堂教学中,单一的教学媒体容易引起学生疲劳和注意力分散,教学频率也容易受到影响。因此,教师根据需要适当变换教学媒体,通过图表、实物、幻灯、影视、电脑等多种媒体的交互使用,充分调动学生的各种感官去获取信息,这样不仅可以有效调控学生的注意力,加强学生对知识的感知度,而且有利于学生对知识的记忆、理解和应用,促进由知识向能力的转化。

(十)活动变换法

变换课堂活动方法可以有效地调动和集中学生的注意力,提高课堂教学效率。课堂活动方式包括师生交流的方式、学生活动的方式和教学评价的方式等。在课堂教学中,教师应根据教学的需要适时变换课堂活动方式。例如,由教师讲变为学生讲,由机械操练变为交际操练,由集体听课变为小组讨论,等等。这些变化都会带给学生新鲜的刺激,强化学生的注意,激发其参与的兴趣,进而达到提高教学质量的目的。

(十一)设疑吸引法

巧妙的设疑是课堂组织教学中的一种艺术方法。当学生注意力不集中时,教师设计一些疑问,让学生回答,以促进学生注意力的转移。在学生学习情绪低落时,利用疑问引起学生学习的兴趣,激发学生学习的积极性。设疑在教学中起着承上启下、充实教学内容的作用,但需要教师精心设计,注重提问的思考价值。无目的的设疑会破坏教学设计的目标,影响学生思维。

(十二)竞赛刺激法

在学生学习情绪不佳、疲劳或学习积极性不高时,教师可根据教学内容,开展一些小型教学竞赛活动,如采取集体竞赛、小组竞赛、个人竞赛等,以调动学生的积极性,使学生的有意注意力高度集中,从而使学生跳出不良的学习状态,达到提高教学效果的目的。

第二节 小学英语课堂板书与提问技能

一、小学英语课堂板书

(一)板书的功能

精湛的板书是撬开学生智慧的杠杆,是知识的凝练和浓缩,是教师的微型教案,能给人以心旷神怡的艺术享受;它是课堂教学的缩影,是指示课文中心的导读图,是透视课文结构的示意图,也是把握重、难点的辐射源。

板书是教师的基本功之一,是教师技能不可或缺的组成部分。它和课堂教学的口头语言、体态语言或先或后或同步出现,相辅相成,丰富着课堂教学的表达力。板书历来是课堂教学的重要组成部分,是教师引导学生掌握知识,形成知识能力的有效手段。它是课堂上利用视觉交流信息的一个重要渠道,可以弥补教师语言表达的不足,把复杂、抽象、潜隐的内容直观、明晰地再现在学生面前,使学生更容易接受。精彩的、有效的板书设计对教学目标及教学任务的达成至关重要。

(二)板书要点

板书是直观性教学原则在课堂教学中的具体体现,是提高课堂教学效果的一种既有效又经济的手段。一个精心设计的板书应该是符合教学内容的,是简明扼要、关键点突出、拥有良好逻辑系统结构的,是使教学内容条理化、系统化、具体化的板书。那么如何设计板书,才能更好、更有效地实现课堂教学目标,使学生印象更鲜明、深刻,理解更清晰、全面,记忆更牢固、持久?如何使板书不仅能帮助学生记忆,而且能帮助学生思考,让学生的思维插上想象的翅膀?小学英语教师在课堂板书设计时,应注意下列几个问题。

1. 板书设计应体现教学目标

在小学英语教师中,很多教师都认为上英语课只要把重要的单词和句型写在黑板上就可以了。其实不然,没有主题的板书就像是一篇好文章没有题目一样,让人很难理解。教师经常会忽略写单元主题、第几课时。上完课后问学生今天学了哪一课,很多学生会答不上来。不要说学生了,就连听课老师在自己的听课本上也没法写出听课的主题。所以,教师在板书设计时应清楚地写明上课的课题。

2. 板书设计力求内容精简,突出重、难点

教师在一节课上要讲授的内容很多,不可能全都写在黑板上,如果写得太多,学生会无法分清主次,这就要求教师研究教材,精通教学内容。板书内容不必面面俱到,应讲求精当,以简明扼要、提纲挈领的形式展现在学生面前,而且板书的内容要善于突出重、难点,要体现出对所教内容的高度概括和提炼。过多的板书费时费力,教师长时间书写板书时,学生的注意力和课堂秩序也可能受到影响。教师在备课时应备好板书设计,对教学内容进行恰到好处的提炼,在课堂上将教学重点、难点和关键点条理清晰地展现出来,使学生一目了然,轻松、明确地感知和领会所学内容。

3. 板书的英语书写应规范得体

平时上课,教师们常随手在黑板上书写句型、单词;公开课中多数教师则将句型、单词预先写在纸上,等到用时就贴于不同的位置,的确非常方便省事。但二者都忽视了重要的一点:缺少给学生示范书写的过程。这必然会导致学生的书写意识淡薄,书面书写的结果令人

不满意。所以,提倡教师板书的英语书写应该规范得体。首先,教师应该给予学生正确的手写体形式。这包括字母的大小写,如 Coke,不要写作 coke。词组 watch TV 不要写作 Watch TV。句子"What's your favourite food?"不要写成"what's your favourite food?",这些虽是小细节,但教师必须正确地书写。其次,教师应该给予学生规范的书写形式。这包括简称的使用、标点符号的运用及清楚的板书笔迹等。教师在板书时应尽可能避免英语字的连写,因为小学作为书写的起始阶段应该培养学生把字写好,而连写容易造成字迹潦草,因此在书写板书时,笔画应清晰,板面干净。教师板书的规范,不仅有利于学生知识的吸收,更有利于学生良好书写习惯的养成。

4. 板书设计力求布局科学合理

整体布局是给人的第一印象。板书设计首先得考虑总的布局。布局是指各部分板书在黑板上的空间排列以及与教学挂图,投影屏幕的合理安排。板书的布局既要根据教材内容的不同类型来变化,又要做到主次分明,突出重点和关键,并有利于分散难点,这样才能使板书真正起到便于学生理解教学内容,促进学生思维和记忆的作用。如何将一块黑板物尽其用、分配合理?常见的模式是分为三个区:学生评价区、新知呈现区和课堂学习的机动区。

(1)学生评价区

为了激发学生的学习热情和动力,教师往往会在课堂上进行男女生或小组之间比赛,进程和结果甚至课堂表现都记录在学生评价这个区间里,它的位置通常设置在黑板的左边,在教学内容较多的情况下,可以设在黑板的旁边或讲台的立面上,不能是中心的位置。评价区的内容和形式在设计上要符合小学生的好胜心理,要吸引全体学生的注意,在色彩上要明朗,图形要漂亮。

(2)新知呈现区

新知呈现区应该突出课堂教学的重点,有利于解决难点,所以摆在黑板的中心显眼位置。图文并茂的板书可使学生在学习和回忆某些知识时,自然地联想到板书中形象的图文,进而帮助学生回忆和复习已学的知识。

(3)课堂学习机动区

黑板右边一部分留下空白作为辅助部分,也就是课堂拓展延伸的部分。这部分较为灵活,是留给学生思考的空间,这样在课堂中可以训练学生的思维,并且留白区比较机动,可以随时擦写,因此,板书就不至于太死板,有利于学生动态思维的生成,还可以激发学生的积极性。

5. 板书设计力求在课堂上动态生成

板书是一种教学艺术,既要醒目悦目,又要掌握火候,才能对教学起画龙点睛的作用。板书时间的恰当运用,直接影响课堂的教学效果。

富有生命力的板书应该随着教学的进程,随着学生的学习变化不断生成。具有提示性的板书,可在课前完成;具有启发性的板书,应在课中呈现;具有结论性的板书,应该等到"瓜熟蒂落"时,呈现在分析、归纳和总结之中。板书的生命力恰恰在于它的动态生成性。长征中心学校郝文倩老师以 Seasons 为主题的板书设计,先在黑板上画一个穿着短袖衫的小孩,然后加多一件衬衫,手里拿着护肤霜,再穿上暖暖的大衣,戴上帽子,最后脱去大衣剩下衬衫,手拿盛开的鲜花。学生的注意力始终集中在小孩的变化上,不难猜出不同季节的名称。伴随着图的出现同时复习旧句型和学习新词,学生处于情境真切的生活中,学习和认识起来就比较容易,知识掌握得比较轻松。此时,整节课的板书内容已经全部呈现在学生面前,脉络比较清晰明了。整堂课下来,随着黑板内容的不断充实,学生学习的热情也不断高涨,提出问题,设置悬念,解答问题。板书设计集整体性、艺术性和趣味性于一体,大大改善了课堂气氛,提高了学习效率。

6.板书设计力求与多媒体有机结合

现代化英语教学中,黑板已经不是传统意义上的黑板了。挂图、投影仪、多媒体等教具的加入,使得黑板的内涵更加丰富。特别是多媒体这一现代化的教学工具,以鲜艳的色彩、活动的图像和有声的对话,给人一种赏心悦目的感觉,创造了轻松愉快的学习氛围。但是,在当今小学英语课堂教学中,虽然有现代媒体的广泛介入,传统的手写板书仍然是不可缺少的。近年来,在历次英语公开课中,获奖的优质课教师都没有放弃这块传统的教育阵地,板书在教学中仍起着不可替代的作用。精彩的、有效的板书设计对教学目标及教学任务的达成至关重要。教师应该考虑怎样恰当地运用板书教学,让其在英语课堂上绽放光彩。在课堂教学中,对于传统的板书教学和多媒体教学的选择,要看哪种表现形式更有利于教学内容的表现,更有利于学生的理解和学习。完全的"纯板书"和"零板书",都是不可取的。美国大众传媒学家施兰姆说:"如果两种媒体在实现某一教学目标时,功能是一样的,我一定选择价格较低廉的那种。""在英语课堂上,如果教学内容能够在黑板上实现的话,也没有必要一定要把它做成多媒体。教师要吸引的不是学生的眼球,而是学生的注意力。让传统板书回归到英语教学课堂,达到两种方式的有机结合,是英语教学的发展趋势。

总而言之,板书设计的好坏直接影响教学质量。内容清晰、重难点突出,趣味性与逻辑性相统一的板书本身就是一门艺术,在现今的英语教学中,尤其在经历了教改和现代化教学手段日益丰富的今天,板书设计必须成为一种落实教学要求的艺术再创造,成为教学中最直观、最得力的教学手段。教师不能视它为可有可无,也不能视它为雕虫小技,应让板书成为教师教学时引人入胜的"导游图",成为学生听课时掌握真谛的"显微镜",成为进入知识宝库的"大门"。

小学英语课堂板书设计既是一门具有创造性的艺术,更是一门值得深思和研究的学问。教师要深入钻研、精心设计,使板书能尺幅容万言,在课堂教学上发挥其作用,更好地服务于教学、服务于学生。

二、小学英语课堂教学中的提问

提问是课堂教学的"常规武器",是小学英语知识训练中最常用的行之有效的方法和手段之一,它不仅可以及时检查学情,开拓学生思路,启迪学生思维,还有助于发挥教师的主导作用,调节教学进程,活跃课堂气氛,促进课堂教学的和谐发展。因此,教师必须重视提问艺术,想方设法激发学生的学习兴趣,促使他们学好英语。

课堂提问是一种教学方法,也是一门艺术。教育界倡导的一种教学方法就叫问题教学法。然而,现在课堂提问已被"师问生答""一问一答""分组问答"的陈旧模式所垄断,形成了千人一面、约定俗成的固定模式,变成了单调乏味的催眠曲,使课堂提问失去了它应有的魅力和作用。所以,教师必须重视课堂提问艺术,注重激发学生学习兴趣,培养学生分析问题、解决问题的能力,促使他们学好英语。

(一)提问的先决条件

教师要精心设计,提出问题。显然,提问需要技巧与准备。善于提问的人往往主动了解所要讨论的主题,并且预先准备好一些关键问题。尽管有的教师能够临时提出用语得当的问题,但真正做到这样是非常不容易的。事先做好准备工作的教师,一般都能取得较好的效果。

在准备关键问题时,教师应该考虑:

第一,教学目的。

第二,提问目的。

第三,哪些类型的问题最适于实现这些目的。

第四,是否应该提那些属于情感领域的问题。

第五,通过提问能在多大范围内实现目的。

教师应该事先将问题准备好,否则,提问时很容易忽略重要的知识,而只注意一些不相干的琐事细节,所以最好是将关键问题写在教案中。

(二)提问的艺术

提问是一门艺术,是每一个教师都应该认真思考、慎重对待的。教师应把握好以下几点。

1.教师的态度

教师应当以愉快、友好、从容、谈话式的态度来提问。提问时如果既能保持自由自在、不拘礼节的气氛,又能说话举止得体,那就更好了。教师应使学生从提问的方式中便知道他所期望的是合理的答案。如果学生不能回答,或者一时回答不出来,也不要强迫他回答。要知道学生已经忘记的知识,就是敦促他冥思苦想,也是枉费工夫。

2.提问的时间和时机

在整个班级参加的情况下提问,教师一般是先提出问题,让全班学生都有考虑的时间,然后再指定某个学生回答。这样做,便使每个学生在有人回答之前都有机会对问题进行思考。如果教师每提一个问题给学生思考的时间只有一两秒,学生还未想好,教师就重复问题或者重新组织问题,或者请另外一个学生回答,这样被提问的学生却会失去回答问题的信心或懒于思考,学习的积极性就会逐渐低落。

3. 激发学习兴趣,注意趣味性

使学生注意教师提问的一个好方法就是问一些真正有趣味、能发人深思的问题。诱导答案的问题,能泄露答案的问题,答案只有一个字的那类问题以及诸如此类的问题,本身便索然无味,尽量不要运用这类问题。

教师在教学中,应深入挖掘教材内容,高度了解学生的学习情况,如此才能在启发学生的同时,增加他们的学习有效性。

4. 因材施教,注意针对性

教师在提问对象的选择上要照顾全体学生,更要因材施教。在平时的教学中,由于受到课堂时间、教学内容以及学生数量多等因素的制约,老师不可能对所有问题一一进行提问。因此,教师在课堂提问时要考虑中等学生参与教学活动所能承受的能力,适当照顾优、差两头,使每个学生都有表现、发展的机会。

总之,在小学英语课堂教学中,提问具有集中学生的注意力,激发学生学习的兴趣,启迪学生的思维,锻炼学生的表达能力,提供反馈信息等多种教育功能。因此,在教学实践中,教师必须不断地、科学地、艺术地对待"提问"。

第三节　小学英语课堂纠错、复习与操练技能

一、小学英语课堂纠错

面对小学英语课堂中发生的错误,教师不要责怪学生,而要正确看待学生的错误,了解发生错误的原因,把握合理的纠错时机和掌握正确的纠错方法,使之更有效地为教学服务。

(一)正确看待学生的错误

第一,学生不可能一下子就掌握目标语。在达到预期目标前,他们必然要经过一个漫长的语言内化过程。在这一过程中,出现语言错误是极为正常的,而且有时错误对语言教学能起到积极的促进作用。教师没有理由对学生的错误产生困惑和不解,也没有理由完全排除学生发生错误的可能性。

第二,小学生个体发展的差异导致接受能力方面的差异。在同一班级中,有的学生语言能力发展快一些,有的数理能力发展早一些。即使在同一学生身上,不同能力的发展水平也会有所不同。比如,同一学生的语言能力、空间能力、数理能力等,有的发展快一些或早一些,有的发展慢一些或迟一些。一般而言,发展迟缓的那个方面,出现错误的概率就会多

一些。

第三,即使同在一个班级里学习,或者由同一个教师担任教学工作,学生的学习水平也会有所不同,发生语言错误的多少也必然有所不同。

基于以上认识,教师不该把发生错误的学生当作批评的对象,更不该把发生错误当成惩罚学生的理由,而要善待发生错误的学生,认真分析并合理纠正发生的错误,最好能把错误转化为有价值的课堂教学资源。

(二)了解发生错误的原因

要有效地纠正学生的语言错误,就必须明确错误产生的原因,这样才能"对症下药",做到"药到病除"。小学生发生语言错误的主要原因有下列几点。

1. 记忆干扰

这是小学英语课堂教学中最常见的语言错误形式之一。由于小学生活泼好动,有意注意力时间短,又缺乏科学有效的记忆策略和良好的记忆习惯,从而导致单词拼读、拼写和变化形式等错误层出不穷,如把 work 读成 walk 等。

2. 语间干扰

它是指学生的母语对英语学习的影响,当母语与英语在表达方式上存在差异时,英语学习中就会发生错误。例如,汉语中第三人称单数"他、她、它"虽然写法不同,但读音相同,而英语中 he、she 和 it 的拼写和读音都不同,小学生在运用时往往会"男女不分",还常常会丢掉动词第三人称单数和复数名词的词尾—s、—es 以及动词一般过去时的词尾—ed 等。

3. 语法干扰

它是指学习者根据已获得的、有限的、不完整的英语知识和经验,类推出偏离规则的错误语言形式。

4. 文化干扰

它是指文化习俗不同而引起的错误。

5. 交际障碍

在交际过程中,由于说话者词汇量不够或无法用英语说清楚,从而导致错误。

6. 教学失误

教师或教材中对英语语言现象不恰当的讲解或讲解不清,导致学生发生语言错误。

(三)合理把握纠错的时机

目前,小学英语课堂教学中存在着两种相对立的观点:一是有错必纠,二是对错误听其自然。前者只管语言形式,不管语言内容,挫伤了学生语言交际运用的积极性;后者只注意语言的流畅性,忽略了语言的准确性,难以提高学生的语言水平和交际能力。那么,何时纠正学生的错误呢?这不仅与课堂教学期待的目标相关,而且与课堂教学活动类型相关。如果教师期待的活动结果是学生在活动中或活动后能流畅地用英语表达思想,教师不必马上纠正错误,而应该在学生完整地表达思想之后再进行纠正。如果教师过多地介入学生"说"

的过程,势必会影响学生流畅地用英语来表达。反之,如果教师期待学生在课堂教学活动中要准确地使用目标语,那么及时纠正错误就是必需的。

当然,不及时纠正错误并不意味着对错误视而不见、听之任之。作为教师,纠错要做到讲究纠错策略,选用正确的纠错方法,达到纠错的最佳效果。

二、小学英语课堂复习

(一)复习的作用

复习的作用是"温故知新",帮助学生回忆所学的语言项目,加强记忆,并对所学的知识加深理解、总结规律,发现问题及时解决。此外,对于练习不够、理解不深刻或是疏漏的方面,及时加以弥补,以便使所学的知识和技能更加的完善和熟练。

学习外语需要有个"消化"过程,需要逐步理解和吸收。学习英语首先碰到的问题就是容易遗忘。为了防止容易遗忘,就需要复习。如同杂技中的转盘子一样,要使一大排的盘子始终保持转动,就得不断地拨动每一个盘子。

学习语言也同转盘子的道理一样,需要教师帮助学生不断地温习所学的东西,不可停止,也不可割断,不能教这一课就不管上一课的内容。为使学生获得使用所学语言的能力,需要不断重现所学的内容,以加深印象,巩固记忆。由此可见,复习在任何一个课堂教学中都是一个必不可少的步骤,也是不可忽视的重要步骤。只有帮助学生复习好、巩固好所学的知识,才能顺利地进行下一步,即呈现或介绍新的语言项目。

(二)复习的内容、形式、方法与教师的任务和作用

复习的内容不外乎日常交际用语、语音、词汇、简单的语法与语法句型、"四会"要求掌握的一般句式及所学的语言材料。

复习的方式方法多种多样,有大循环复习和小循环复习,有单元复习和阶段复习,有集中复习和分散的随堂复习,有家庭作业、假期作业、口笔头测试、听写、评比竞赛、游戏等。大复习有期中复习和期末(终)复习,小复习有每节课和每节课随堂的开头、中间和结尾等的复习。

教师教学用书中,除了第一册第1课外,一般情况下,在每课(即每节课)的教学步骤与方法建议的开头,都有两个或三个复习步骤,并为教师指明了复习的内容和方式方法。比如,人教版第一册第一单元第2课的教学步骤与方法建议中的第一部分组织教学,第二部分复习和第三部分A(会话教学)中的第一项以及最后的步骤五(课堂练习与家庭作业)等。再比如,人教版第三册第三单元第14课的教学步骤与方法中的第一部分(复习),会话教学A(热身活动)及第四部分(课堂练习与家庭作业)等。当然在具体进行中,教师还要根据学生的实际需要决定复习哪些内容、怎样复习及复习的程度。同时,复习也不一定要在每课的头、尾进行,在教新课中间为了承上启下可随时根据情况进行。每学期机动的课时可以用来进行复习。

复习的形式多种多样，有检查性的口头、笔头复习练习，以发现和解决普遍存在的问题，也可以用竞赛评比、评估测试、听写、检查作业等方式。

复习的方法也很多，有帮助记忆的，比如用归纳的方法、图解的方法、表演的方法或借助实物、模型、玩具、图片等，都可以加深印象、帮助记忆。还可以复习旧知识为新课的新内容铺路，采用以旧引新、承上启下的方法。

在复习的过程中还可经常采用提问的方法。这里提供两种常见的方法。

1. 连珠炮似的提问（Question bombardment）

这种提问要求教师要快速地口头提问，并要求学生也要迅速作出反应。

这种无准备的提问复习方法，可以培养学生根据实际情况其实地运用英语的能力。当然教师所提的问题不应超越学生所学的范围。

2. 连锁操练（Chain drill）

这种操练可以由教师开始，先向学生 A 发问，学生 A 回答完问题后接着向学生 B 提问，B 回答完问题再问学生 C，以此类推，如：

T：What's your name, please?

A：My name is A.（转问 B）What's your name, please?

B：My name is B.（要说学生自己的真实姓名，并转问 C）What/Which class are you in?

C：I'm in Class 4.（转问 D）What row are you in?

D：I'm in Row 6.（转问 E）How old are you?

E：I'm ten.（再转问 F，F 再问 G，一直传下去）

这种学生间有问有答的连锁操练最好不要按座位顺序进行，可让一个学生出其不意地向另一个学生提问。这样做，可以使全班学生的注意力都集中起来，人人认真听问题并积极思考答案，同时还要积极地提出问题。这种连锁操练可以随堂进行，进行得越早越好。它既可以活跃气氛，又可以使全班更多的学生参与，几乎每个人都能得到练习和复习的机会。

在复习的过程中，教师要善于抓住学生学习中的薄弱环节，并注意教会学生怎么进行复习。教师在复习的步骤中是强化记忆者，帮助学生复习巩固，加深印象，记忆所学的东西，并掌握复习的方法。教师的作用很重要，帮助学生复习得好，会使他们温故知新，学有所获；复习得不好，容易形成老生常谈、枯燥乏味，使学生产生厌烦情绪。因此，教师要重视这一步骤，认真备课，尽量多设计些复习形式，采用多种方法使复习搞得生动、活泼、有趣，同时也要根据班内学生的具体情况，适时适度，使之达到预期的目的，收到良好的复习效果。

三、小学英语课堂操练

操练是指各种机械形式的语言训练活动。在操练活动中，教师严格控制语言，学生没有或很少有自己灵活选择的余地。操练的目的是使学生熟悉语言形式或结构，要学生反复地说，正确模仿教师所说的话，直到不需要教师的帮助能够脱口而出为止。操练的形式和方法有多种,最常见的是跟着教师或录音口头重复。但由于班级过大,学生人数较多,要使每个学生都能有效地进行操练是有困难的。目前,大多数教师是采用以下几种方法教学的。

全班学生齐声重复教师的话或集体回答教师的问题,这样做会增强学生的信心,人人都能开口说。这个方法有一定的效果,但教师无法听清个别学生的回答,难以发现他们个人的错误。全班学生一起说英语,声音很大,容易拉腔拉调,很不自然。这个方法虽可用,但时间不可过长,重复遍数也不可过多。教师让班里学生逐个重复或回答问题。这个方法虽然比较好,但学生实践的机会不够多,训练不够充分,大班操作有困难,无法照顾全面。

教师让两个或三四个学生一起朗读对话。为了向全班学生示范,这样做很必要,但是用这样的方法一次只能训练几个学生,其余的学生却处于被动观望的地位。

为了克服上述各种方法的缺陷,这里介绍几种组织课堂教学活动的方法。这些方法已成为现代语言教学的标准课堂活动组织方法。

现在简单说明这几种组织课堂操练的方法。

1. 分排或分行练习(Row or team practice)

在最初的教学中,可按横排座位分排开展活动,以后可以变换组织形式,也可按竖行活动,学生分排或分行练习。教师听得比较清楚,即使参与活动的学生多,也可以促使学生专心致志听讲,还可以照顾那些往往被忽视的学生。这样组织对学生进行比赛和做游戏也很有利。

2. 两人小组练习(Pair work)

两人小组练习是指把全班学生按照两人一组组织起来,让每一组学生交谈或朗读对话。这是动员学生参加课堂操练活动的一个极好的方法。在多数班级里,把学生组成两人小组是不难的,因为学生本来就两个两个地并排坐着。

两人小组练习的程序可以这样安排:

第一,教师介绍新的语言材料(如对话),并作示范。

第二,全班学生跟着教师朗读课文。朗读对话时,可把全班分成两半,一半学生为 A,一半学生为 B,练习完一遍后交换角色,A 变成 B,B 变成 A,再练习一遍。两部分学生边说边看对方,适当注意面部表情和动作。

第三,指定两位学生朗读或表演对话,其他学生注意听和看。这样的两人小组对话活动称作 open pairs。

第四,示范小组表演后,其余的学生也进行两人小组活动,称作 clow pairs。教师在教室里巡视,检查小组练习的情况,随时进行指导和帮助。

第五,练习完一遍后,让两人小组交换角色,A 变成 B,B 变成 A,再练习一遍。

在这种情况下,学生语言的准确性难免会受到影响,因为教师不可能发现所有的错误,并一一加以纠正。但重要的是,学生在实际运用语言的过程中可以提高语言的流利程度,并且能够互相帮助纠正错误。两人对话之声比齐声朗读轻得多,而这种练习的有效性比传统的齐声朗读或问答要大得多。

3. 小组活动(Group work)

有时根据教学的需要,要把学生分成若干小组,或朗读对话,或进行问答等活动。分成小组通常不需要学生移动。若分四人一组,只要前排的两人一转身就可以面对第二排两人进行四人小组活动。

4. 从后往前连锁操练(Back chain drill)

在进行操练这一步骤的过程中,教师的作用是组织者,如上述示例所示把班中的学生都组织好,集体、小组、个人等进行有条不紊的训练。在此步骤中,教师同时也是指挥者。指挥时,可以给横排编号为1,2,3,4等;给竖排编号可用A,B,C,D等,这样就可以迅速地指挥某一排或某一行进行练习。教师还可以用手势指挥,要全班、半班、横排、竖行、小组或个人作出操练的反应。例如,用双手手心朝上向上摆动,示意全班一起操练,跟着重复;一只手向上,边摆动边说"This half repeat(or ask questions).",示意一半的同学重复(或提问),另一只手手心朝下摆动,边说"This half,please listen(or answer).",示意另外的同学静听(或回答);双手手心朝前胸横向前后摆动示意一排一排(in rows)进行操练;双手手心相对上下左右移动示意一行一行(in teams)操练;伸出四个手指示意四人一组(in groups of four)进行操练;伸出两个手指示意两人一组(in pairs)进行操练。

操练这一教学步骤的目的是训练语言的准确性,要求学生一定要准确无误地重复所教的语言(词或句)。

教师要确保操练的"火候"适度。操练的时间难以预测或规定,教师要根据自己班上学生的情况而定。操练时间过长,操练过度,学生会感到枯燥厌烦;操练不够,则难以达到下一步练习所需的熟练程度。如果学生仍然结结巴巴不能熟练上口,就要再操练一下。操练应先易后难,先简后繁,先慢速重复,再加速重复;先单项后换项或多项,直至教师确信学生达到了能够进行下一步练习的熟练程度为止。

第四节 小学英语课堂练习、巩固与教学结尾技能

一、小学英语课堂练习

(一)课堂练习的目的和教师的作用

学习一种新语言,应使学生学会尽可能运用这种语言去表达实际意义。练习的主要目的是在前几步所学知识和技能的基础上,特别是在操练的基础上,集中训练语言的熟巧和流利程度,检查前面所学知识的巩固程度与教学效果。通过大量练习,学生把语言知识转化为语言技能,进行多层次的运用,并把这种技能进一步发展为进行初步交际的能力,能逐步较熟练而独立地运用所学简单语言。所以,这一步骤不只是训练准确性,更主要是训练流利程

度,练习"用",即用语言表达实际的意义,而不仅仅重复学说孤立的句式。

教师在这一步骤中的作用应是监督、监听和裁判。教师的任务是给学生提供尽可能多的实践机会,鼓励他们大胆实践,逐步减少对学生的控制,让他们试着独立地在实际交际中运用语言。在学生练习时,教师在班上四处走动巡视、辅导,仔细听他们练习,观察情况并适时地给予必要的帮助,鼓励学生根据自己的需要选用语言,同时检查前面几步教学活动的效果,一旦发现疏漏及时加以弥补或调整。

（二）课堂练习的方法

许多教师原来习惯于采用以教师为中心的全方位控制教法,即教师一人讲,全班学生静听,教师花费大量时间讲授语法,甚至用大量的中文讲解,然后教师读,学生也跟读,教师说什么,学生跟着重复什么,反复进行。学生没有选择,只能跟着教师死记硬背,没有自己发挥、运用的余地,过后学生只能重复教师说的话,而不会实际应用。

现行小学英语教材提倡教师转变观念,改革教法,以学习者为主体,以学生为中心的教学方法,即给学生以更多的说练活动的自由和机会。控制性的机械操练以求准确性,这在开始阶段很有必要,但操练时间过长就很枯燥,效果也不好。为教语言而讲练语言,既枯燥又失去了教学语言的意义,达不到使学生自己能在实际生活中运用所学语言的要求。因此,不能停留在机械操练阶段。教师要逐步减少对学生的控制,放手让他们能较自由地在交际中自己选用适当的语言,有时要根据需要把所学句型或句式变换成新的句式,以表达当时想要表达的意思。

那么在语言训练中如何逐步减少对学生的控制呢？这好比教学生骑自行车,教师要先讲解骑车的要领,如怎样掌握平衡,怎样扶把,怎样协调手脚的动作,还要胆大心细,向前看,等等。但是只听教师的讲解,即使记住所有的要领,并不等于就可以熟练地骑车,还必须进行实践,反复练习才能学会。

学习语言也同学骑车的道理一样,需要实践,需要练习,同样要经过这样几个步骤:控制性练习,半控制或指导性练习和不加控制的或自由的练习。

当然,学习语言并不完全像学习骑车,还要帮助学生首先搞清楚语言本身的意思是什么。教科书和课堂练习册中所安排的各种形式练习,都是确保学生逐步脱离控制而能够有更多的机会较为自由地进行练习与实践。

二、小学英语课堂巩固

教师运用各种生动形象的方法介绍新的语言材料,又反复进行操练和不同形式的练习,但能否让学生牢固地掌握所学的语言,这就要涉及外语教学中的一个严重问题——遗忘。因此,巩固是英语教学中不可缺少的步骤。巩固是加强、加深、加固的意思。在英语教学中,巩固是为了加强学习运用、加深印象、加固记忆。教师在每节课开始,要做些复习,目的是承上启下或以旧带新、新旧对比等,帮助学生巩固即强化前面所学内容。在每节课结束前,要做归纳、总结性练习或检查性复习,或抄写、拼写或听写以及做练习册中的练习,常常伴有写的练习,以巩固当堂课所学内容。每个单元结束后,进行一次小总结或小检测,几个单元结束后,进行阶段性总结,还有期中期末总结或考核评估、检测等,都是为了检验学生学习的巩固程度,得到教学效果的反馈凭证。

巩固这一教学步骤主要体现在下列几个方面。

(一)巩固每个单元的语言项目

教科书每个单元结束时都安排一两个复习课,复习归纳每个单元所学的内容,目的是进一步巩固、记忆所学内容。人教版教材从第三册开始,每单元最后的复习课中还安排了各单元的"复习要点"。"复习要点"主要归纳该单元及该单元以前要求学会的语言点,包括单词、简单的语法结构、有用的表达方式等。每个复习课基本包括三部分内容:语音的归纳、语法及词汇归纳和复习本单元词语的情景会话。

关于"复习要点"的利用,这里提出以下建议供教师参考:

第一,教师可鼓励学生自己先看一遍,了解该单元所学语言项目,看看教科书归纳得是否全面,有否遗漏或不当之处。

第二,这些语言点自己是否都很清楚,都知其意,如果尚有不明白之处,提出来请老师或同学再作解释。

第三,如果学生均了解语言点的内容,可请学生运用其中的词语造句或两人小组自由对话,可用一两个或两三个词语编一个对话。鼓励学生多用,开动脑筋、随机应变。使用句式越多越恰当越好,若能将全单元所学句式都用上,而且用得都对,应给予奖励或积分,且给予期终总评积分。

还要注意巩固复习语音项目,鼓励学生归纳同音词或符合相同拼读规则的词,而且要求读得准,语音语调自然。对那些表现好的学生也给予记积累分或评等级(A,A+,B,B+,C,C+等)。

第四,如果学生提不出问题,教师可以启发帮助学生提问题,或教师提出些问题检查学生是否真正理解了。

第五,可进行简短的听写练习或其他考查,时间不宜过长,内容也不宜太多。可对一两个主要项目了解学生掌握的程度和存在的问题。这样短小的听写或检查若经常随堂进行(一两分钟),有助于教师了解学生,随时掌握情况,掌握进度,计划以后的教学和复习。

(二)完成课堂练习册中的练习

巩固这一步骤主要体现在完成课堂练习册中的练习。课堂练习册中所设计的各种听、说、读、写练习都是为了进一步巩固学生课本中的语言项目。练习的内容和形式都是由浅入深,由简单到复杂,不同形式的复现紧密配合练习的内容,是课文练习的补充和扩展,以进一步加深印象,巩固记忆,加以运用。课堂练习册中的练习,均可先口头做,再笔头做,绝大部分可以随堂做完,然后留一小部分作为课外的笔头作业。

"课堂练习",顾名思义,就是课堂上做的练习,当课练习尽量当堂完成,当堂巩固,尽量不留或少留家庭作业。因为小学生正值长身体时期,需要多一些自由活动的空间。有的教师觉得练习册中练习量还不够,又补充许多练习,生怕学生掌握不牢固,课上课下练习量加码,额外增加课业负担,其结果势必影响小学生的身心健康和全面发展,也影响了其他学科的学习。因此,巩固练习应适量。

课堂练习册中的练习形式多种多样,归纳起来大致有以下三类。

1. 巩固语言知识的练习

这类练习主要是书写练习,从抄写字母、单词、短语逐步过渡到抄写句子。这类练习是让学生巩固所学的英语基本知识,也是教师对学生基本知识掌握程度的一种检测。

2. 训练语言基本技巧的练习

这类练习包括句型转换,课文问答题,单词、短语或句型替换,模仿对话或补全对话,还有一些英译中或中译英的练习,这样的练习比较少而且多半在后两册练习中。这类练习主要训练学生的语言技巧和熟练的程度。

有关形成语言技能的练习主要在课本中,体现了打基础所需要的最基本的要求,如听听说说的听力训练、模仿对话、表演对话、看图说话和最简单的信息交流练习。这类练习主要是为了加强语言的自由运用,即使是最基本的语句,也要培养学生能"学以致用",不是死记硬背书本上的孤立句式,从基础阶段逐步培养学生的主动性、积极性、创造性和灵活性。

3. 培养兴趣的练习

这类练习更多地出现在课本中,如画画、上色、画圈、打勾画叉、重新组合、标号、标图、圈答案或是听听读读等,都是在听听说说的基础上做的。这类练习还起着激发兴趣、活跃气氛、消除疲劳和调节情绪的作用。

(三)布置家庭作业

前面已经提到小学英语的练习,绝大部分都尽量在课上完成,只留一小部分家庭作业,这是巩固这一步骤中的最后一步,即一堂课结束之前要做的。适量的家庭作业可以巩固和扩大教学成果。教师用书中每课教学建议的末尾都有课堂练习和家庭作业这一项,根据各课不同的内容提出不同的要求,以巩固当堂课所学的内容。

教师在留作业之前,要尽量利用课上时间把课本及练习册中的练习都口头做一遍,然后留部分作业如听录音、抄写等回家做,但要讲清楚要求及方法,使学生明白怎么做,让他们心中有数,愿意做,并能顺利地、独立地完成作业,从而产生一种成功感。不要让学生感到为难,形成思想负担;更不要把本应在课内完成的练习留给学生课外做,从而增加他们的负担。

在复习巩固的过程中,教师的角色是帮助者。教师的任务是如何帮助及组织学生做好巩固工作。

在复习巩固时,教师要充分利用课本及练习册中的练习,按照不同要求做好各项练习。要尽量调动全班学生的积极性,使他们积极主动参与各项练习活动。除了进行两人对话、小组讨论、排或行的练习活动外,还可以组织排与排、行与行、组与组的讲演比赛或对话比赛、朗诵表演、听写比赛、书法比赛等较为生动活泼的形式。

巩固步骤十分重要,是一节课结束前对所教内容做最后的检验。因此,教师要充分重视,尽力做好巩固工作,以取得预想的教学效果。

前面已分述了各个教学步骤及教师在其中的作用。在实际教学中,一节课只有40分钟,不可能截然分开。教师在实际教学中,五个教学步骤常常相互交叉进行,不可能像工厂做工那样,分工十分清楚,每道工序都可以分开来做,因为教师所教的学生,他们每个人的接受能力不同。教师要始终注意观察学生的情况,注意他们的反应。教师要根据自己班中的具体情况决定某个步骤是否可以进行到底或中间是否需要变换步骤。要了解学生是否理解每步骤的内容,是否都达到了要求,一旦发现问题,应及时解决,以确保课堂教学效果。例如,人教版第一册第27课,教师第一步复习句型"Where's the zoo?",如果发现复习不顺利,学生忘记或仍然对句型不十分清楚,或句型说不流利,那就要再练习一下问答、对话等。如果磕磕巴巴句型说不准,就应再操练一下,听录音跟读或跟教师读,重复操练几遍。如果还有许多人不懂句型的意思,就要停下来,再作一下介绍或解释,并问一两个学生中文意思是什么,以确定全班学生是否都明白了,否则教学就不可能顺利地进行下去,直接影响下一步的进行。

同样,在介绍新语言项目时,教师通常是用"复旧引新""以旧带新"和"新旧对比"的方法,即先复习以前学过的旧知识,再引出新知识的方法,将介绍新语言项目和复习两个步骤结合起来穿插进行。例如,人教版第二册第22课要教学"What's that in English?"这一句式,教师就可用"复旧引新""以旧带新""新旧对比"的方法。先复习"What's this?"和"What's this in English?"的句式,再用复习"What's that?"对比引出"What's that in English?"的句式。教师可分别将这些句子以对比形式写在黑板上(或事先写好在一块小黑板上):

What's this? What's this in English?

What's that? What's that in English?

教师边领读句子,边用不同颜色的笔在 this , that 和 in English 的下面画上线,并找一两个学生说出中文意思。读的时候,可以先上下对比读,即先左边两句上下,"What's this? What's that?",然后读"What's this in English?"和"What's that in English?",也可以再换个顺序左一句,右一句,再读下面的左右句,即"What's this? What's this in English? What's that? What's that in English?"。

复习中发现任何一个问题,无论语音的、词汇的或语法句型的,都要立即暂停,进行补救,或再讲解,或再操练,或再练习,直至确保新的介绍任务完成,即达到了学生能把新学的语言用于实际练习活动的程度,才可继续进行下一个步骤操练。

同样,在进行操练时,如果发现学生有的内容仍有某词或某句意思不理解,教师也要停下来再示范表演或讲解。如果在进行练习时,发现学生对某词某句仍说不准确,教师也要停下来再操练一下,直至准确之后再进行下一个步骤。即使到了最后一步的巩固中再发现问题时,也要如此处理。

三、小学英语课堂教学结尾

一堂成功的英语课不仅要有引人入胜的开始、环环相扣的操练,还更应有强有力的、发人深思的结尾,因为结尾往往标志着一个新的开始。课堂教学的结尾是一种艺术与创造,优秀的教学结尾是巩固课堂教学的重要环节,是衔接新旧知识、贯通前后内容的重要纽带,是从课内到课外、由知识向能力过渡的桥梁,是启迪思考和开发智力的良机。因而,课堂结尾在小学英语课堂教学中起着非常重要的作用。

常言说:良好的开端是成功的一半。英语课堂教学的引入固然重要,设计得巧妙,能起到先声夺人、引人入胜、激发学生主动学习的作用。那么,良好的教学结尾设计,可再次激起学生的思维高潮,如美妙的音乐一般耐人寻味。设计得好,能产生画龙点睛、余味无穷、启迪智慧的效果。因此,教师要精心设计一个新颖有趣、耐人寻味的课堂结尾,这样不仅能巩固知识、检查效果、强化兴趣,还能激起学生求知的欲望,帮助学生活跃思维、开拓思路,发挥学生的创造性,在热烈、愉快的气氛中把一堂课的教学推向高潮,达到了"课结束,趣犹存"的良好效果。

(一)英语课堂结尾的原则

1. 目的性原则

所谓目的性原则,是教育者需要以既定的教学目的为依据来组织实施课堂教学。每堂课中,教师都应该针对教学的实际情况,采用恰当的方式,有目的地进行结尾,以达到教学目的。

2. 趣味性原则

所谓趣味性原则,是指学生的学习兴趣是学习的最大动力。教师在结尾时,应该针对学生好胜、好动、好奇的特点,开展竞赛、评比、表演的趣味性的活动来结束课堂教学。

3. 及时性原则

所谓及时性原则,是指学生的记忆过程是一个不断巩固、强化的过程,应该针对小学生先快后慢的遗忘规律,及时小结和复习巩固所学知识。所以,结尾的时间也应该尽量安排得紧凑合理,不宜太过于详细。

4. 多样性原则

所谓多样性原则,是指结尾的方式安排应多种多样,既可以适应不同教学内容的需要,又可提高学生的学习兴趣,以取得较好的学习效果。

5. 巩固深化原则

所谓巩固深化原则,是指好的结尾不是一节课和一部分知识的简单重复,而应该概括本节课和本段知识的作用,深化重要的事实、情节、概念和规律,经过精心加工而得出系统化、简明化、有效的知识网络,从而帮助学生把零散孤立的知识"串联"和"并联"起来,使其融会贯通。

(二)英语课堂结尾的方法

1. 游戏式结尾

游戏式结尾就是教师将当堂课所学内容放到游戏中,让学生通过游戏的形式,巩固所学知识。下课前的几分钟,学生的注意力逐渐分散,开展适当的活动,既可消除大脑疲劳,又可强化知识,形成技能。如在学完时间的表达法后,可设计"老狼,老狼,几点钟?"的游戏,让一个学生戴着头饰扮演老狼,其余学生问:"Wolf! Wolf! What's the time?"老狼回答:"It's one o'clock. I'm sleepy."从 1 点问到 10 点,老狼醒了,发现肚子饿,开始抓不会提问题的"小动物"吃,这种方式有效地复习了时间的表达方法。

2. 悬念式结尾

恰当的悬念是一种兴奋剂。教师在教学中给学生设下悬念,能勾起学生强烈的破疑愿望,激起他们寻根究底的欲望。

3. 唱歌式结尾

英文歌曲是一种能够活跃课堂气氛的教学形式。唱歌式结尾就是将本课所学的重点句型编成歌曲,让学生在愉快的歌唱中巩固所学内容,以达到寓教于乐的目的。例如,在学习现在进行时可教学生唱包含所学句型的歌曲"What are you doing?",歌词为"The telephone is ringing. Who's that speaking? This is Helen speaking. What are you doing? I'm reading. What's Mike doing? He's sleeping."。

4. 任务式结尾

新课结束后,教师可以围绕本课重点,精心设计一些任务,组织学生通过完成任务的方式结课。例如,在教完牛津小学英语 4B 第三单元表示询问职业的句型和单词后,教师可以设计一个"Do a survey"的任务,让学生通过"What do you want to be? I want to be a/an..."的句子去了解其他同学长大后想干什么,完成调查表格。

5. 迁移式结尾

教师为了能了解学生对知识的掌握情况,可在课堂结尾时要求学生对所学对话进行表演和复述,或者鼓励学生在课下运用自己所学的英语进行交际,从练习及师生日常生活的交流中体现知识的迁移。例如,在牛津小学英语 3 A Module 2 Unit 2 中结合学生的实际需要鼓励学生用所学句型"This is ..."来介绍人物,突出语言的语用价值,使学生能够在交际中对所学的主题语言形成记忆与巩固。

6. 多媒体教学结尾

直观教学用具和电化教学设备的合理运用可以摆脱课堂教学时空的束缚,将各种活生生的情境展现在学生面前。教师在结束课堂教学前,可以制作趣味游戏课件,即将语音、词汇、句型、课文等设计成游戏形式,在教学中多用来进行语言的有意义的联系,可以提高学习兴趣,激发学习动机,大大提高课堂教学效率。另外,还可以制作练习课件来巩固课堂知识,即根据课文的重要知识点设计成笔头练习与听力练习,通常是运用选择题、是非判断题等来训练、强化学生各方面的知识和能力。

7. 展示式结尾

一节课即将结束,给学生留几分钟时间表现自我,展示自己的学习成果和表演才能。展示的形式可多样化,如根据所学内容自编自演小品,给图画配音、朗读等,突出语言的实践性和交际性,使学生能够学以致用,有利于学生知识的记忆与巩固。

8. 归纳式结尾

英语教学讲求效率,在一堂课结束前 10 分钟及时对所学知识进行归纳,是提高课堂教学效率的重要措施。教育心理学的研究表明,课堂及时回忆要比 6 小时以后回忆的效率高出 4 倍。教师在每一单元的复习课教学中及时总结有用表达,有利于学生对知识的反馈与巩固。

(三) 英语课堂结尾的注意点

1. 结尾要有一定的概括性

心理学研究证明,记忆是一个不断巩固的过程,要完成这个过程,需要对所学知识及时归纳、概括总结,使学生获得规律性的东西,以便加以理解和记忆。

2. 总结要有针对性

总结要紧扣教学目标,抓住教学重点,针对学生实际,要有利于学生回忆、复习及运用。

3. 结尾要注意知识的系统性

一堂课的结束,应概括本节课的知识结构,深化重要事实、概念和规律,帮助学生归纳,形成系统、有效的知识网络结构。

4. 结束要有实践性

结尾要安排恰当的学生实践活动,如让学生提问、组织练习、对话表演等活动,以便于知识的转化和培养良好的学习习惯。

总之,课堂教学中的结尾是教学中的一个重要环节,善始还要善终。教师应视教学的需要,灵活处理,充分利用课的结尾,把课堂总结与教学内容融为一体,给学生留下一个能激发兴趣的悬念,使课的开始引人入胜,结尾扣人心弦,发挥其在教学过程中重要而又独特的作用。

第四章　小学英语课堂音乐、艺术与游戏教学法

第一节　小学英语音乐教学法

一、英语音乐教学法概述

音乐和歌曲是情绪的表达和抒发,是情感最直接的表现方式,烦恼、忧伤、高兴、紧张的情绪都可以通过音乐和歌曲来调整。运用音乐教学法进行英语教学,儿童在进行唱歌等音乐活动时,需要记住歌词、旋律,跟随音乐做律动练习,等等。在这个过程中,耳、眼、脑、四肢协调作用,提高了大脑反应的灵活性,对儿童的记忆力、感受力、英语语感的培养都有积极的作用。

(一)英语音乐教学法在英语教学中的作用

1. 音乐融入英语教学能提高教学效果

课堂教学的时间总是有限的,如何在有限的教学时间内实现教学目标,是教学成功的关键。通过教师示范、学生学习跟唱、音乐律动等多种方式,调动儿童参与课堂活动的积极性,享受学习与游戏过程,既能保证教师的教学目标的顺利实现,又有助于儿童自觉自愿地掌握教学内容,达到明显提高教学质量的目的。

2. 音乐融入英语教学能激发学生学习的主动性

在音乐活动中,儿童能获得丰富的情感体验和积极的学习体验。儿童具有倾听音乐与学习的天赋,他们非常乐于以音乐的形式进行学习,并且善于捕捉音乐活动中的语言、节奏、音律等各类信息。因此,当英语语言学习内容以音乐为载体时,儿童更乐于学习,并能很快掌握课程内容。教师运用音乐媒介进行语言教学,能减轻学生的学习焦虑,降低学生的认知负载、心理负载和能力负载,促使其形成"我能学""我要学"的自觉意识,有助于发挥学生学习的主动性。

(二)英语音乐教学法促进学生综合发展

英语音乐活动在促进儿童综合发展中具有重要作用。在英语音乐活动中,儿童通过听、唱、演奏乐器等多种方式,可以培养自身的乐感、节奏感,体验音乐带来的欢乐。音乐活动能满足儿童好动的特点和表演的欲望,在活动中边唱边跳,对儿童的身体平衡性的发展可以起到促进作用,对儿童体验积极的情绪、遵守规则的行为均有积极的促进作用。

1. 促进儿童情感发展

音乐活动是儿童通过歌曲和音符展示自我、抒发情感、表达思想的机会。音乐活动能够抚慰心灵、陶冶性情、平复情绪、转移注意力，促进儿童积极乐观等情感品质的发展。在音乐活动中，儿童随音乐节律自由地摆动身体，在促进肢体动作协调发展的同时获得愉悦的体验；尽情尽兴地参与到活动中，在积极参与的同时获得自主学习的体验。

2. 促进儿童社会性发展

音乐活动通常是集体游戏，提供大量人际交往的机会。儿童在遵守规则、分享材料、沟通想法的过程中融入集体，获得集体归属感。儿童在音乐活动中通过表达自我、观察他人、模仿、玩耍发展友谊。儿童通过音乐活动参与学习、获得肯定，从而增强自尊、自信，树立积极的自我形象，儿童在聆听来自世界各地的音乐、学习表达不同风俗习惯的儿歌、了解不同民族的乐器时，会激发他们的自我认同感与文化意识。

3. 促进儿童身体动作发展

音乐游戏可以促进儿童身体动作发展。儿童的音乐游戏离不开身体运动，在伴随音乐、乐器、儿歌进行的活动中，儿童可锻炼身体各个部位的大小肌肉群、骨骼和韧带，提高神经系统反应的速度和身体协调能力，增强心肺功能。音乐律动与舞蹈能够使儿童获得健美的体形和端正的姿态。歌唱活动对发音器官的发育有一定的促进作用。同时，音乐活动增强了儿童对身体的认知，在不断进行的练习中体验发音，形成关于声音（无论人声还是乐器）和音乐基本的概念。因此，教师可以有意识地将音乐活动融入英语教学中，促进儿童的身体动作发展。

4. 促进儿童认知发展

音乐活动可以促进儿童语言、感知、记忆力、想象力和创造力的发展。儿童在学唱英文歌曲时，通过歌词积累大量词汇，提高了对语言的理解和运用能力。音乐活动需要儿童仔细辨认并模仿曲调或节奏，锻炼儿童精细的倾听能力，提高儿童各感官的敏锐性。

5. 促进儿童审美与创造力发展

英语歌曲有助于儿童培养音乐鉴赏力，提高儿童的审美水平。儿童通过音乐活动获得节奏、节拍、音调、韵律等基本的音乐意识，开始理解并欣赏歌词、曲调、乐器演奏等音乐中特定的元素。儿童在音乐活动中，通过自编舞蹈动作、自创歌曲歌词表达情感，促进想象力和创造力的发展。

（三）英语音乐教学法的课程设计

教师在规划和分享儿童英语音乐体验方面起着至关重要的作用。音乐适合每个人，所有的教师都可以计划和实施英语音乐活动。教师除引导孩子们进行集体英语音乐体验外，在促进孩子们探索语言和音乐的关系方面也发挥着关键作用。精心设计的英语音乐环境吸引着儿童去参与和实践，教师通过激发儿童的思维，协助儿童在观察和体验中完成对英语音乐知识的建构。

1. 教学方法

现场演唱比倾听录音更能吸引儿童,教师亲自教唱也能起到积极的示范作用。当教师和儿童一起唱歌时,可以根据儿童掌握的情况灵活调整演唱歌曲的速度。教授英语歌曲最好的方法是唱整首歌,当教一首新的英语儿歌时,教师可以把整首歌唱几遍,等儿童熟悉之后,会逐渐加入歌曲片段的演唱中,最终完成歌曲的全部学唱。如果教师为了教学而将歌曲分段,歌曲就会失去连贯性,影响儿童对歌曲含义的理解和对全曲的欣赏。

2. 环境营造

音乐活动的环境包括三个方面,即教室条件、活动时间、心理氛围。教师可以通过提供乐器、材料、资源等方式,为儿童营造探索和创造音乐的教室环境。教师可以在课程中特别设计音乐活动的时间,也可以将音乐活动融入日常教学的某一环节,或作为问候或课程教学过渡开展。儿童对音乐的自发性和创造性表达在音乐活动中尤为宝贵,教师需要创设接纳和鼓励表达的心理环境,支持儿童享受创作音乐的过程,给予儿童分享音乐创作经验的机会。

3. 教学目标

在英语音乐教学过程中,教师应该围绕儿童全方位的综合发展制定教学目标。在英语音乐活动中,儿童应该有机会通过唱歌、演奏乐器和身体动作来探索音乐,体验并探讨产生和影响声音的因素,练习和提升倾听技能,聆听、欣赏和探索不同文化的音乐与乐器,展现自己的音乐创造力并通过音乐表达情感,提高自我认知与自我认可,参与集体音乐、舞蹈、儿歌创作等。教师可以通过提供各种各样的英语音乐体验活动,增加儿童体验与实践的机会。当教师将音乐活动纳入英语教学中,儿童就能最大限度地发挥他们天生的音乐才能和潜力,享受音乐和英语学习的过程。

二、音乐活动

儿童天生就具有节奏感,从小便体现出对音乐的喜爱,如播放轻音乐可以安抚哭泣的婴儿、父母哼唱摇篮曲有助于平复孩子的情绪。音乐是人类生活的重要组成部分,人们每天都能在生活中听到各种类型的音乐,音乐是一个国家文化和传统的一部分,儿童可以通过音乐获得文化认同感,也可以通过音乐了解其他国家的文化。因此,在英语教学中可以引入音乐来开展多种类型的教育活动。

(一)音乐欣赏(Music Appreciation)

英语教师可以在课程中为儿童提供不同类型的音乐。现在网络的发达为儿童接触尽可能丰富的音乐类型提供了可能,因此教师可以通过收集各种类型的音乐资源,如古典音乐歌剧、舞曲、爵士乐、轻音乐、民族音乐、印第安音乐、非洲音乐等,使儿童有机会辨别和谈论不同的乐器声音和多类型的音乐风格。

(二)打击乐器与节奏练习(Instrument and Beats)

打击乐器分为两种:有声调的和无声调的。有声调的打击乐器能让儿童演奏出旋律或敲出声调,如木琴、排琴、钟琴等。无音调的打击乐器用来打节奏,如鼓、铜钹、沙锤等。教师可以通过精心设置的音乐活动,鼓励儿童运用乐器发出声音,并逐渐适应有秩序的音乐活动。在开展这类活动时,教师应注意在儿童探究乐器发出声音和容忍无秩序的声音带来的混乱之间找到平衡,控制教学秩序。

(三)动作与舞蹈活动(Movement and Dance)

动作与舞蹈同音乐相辅相成。儿童对节奏反应积极,并能运用身体动作和舞蹈表达他们内心的创造性。通过身体动作和舞蹈,儿童还可以获得信心,促进动作的协调性发展。教师通过有计划的课堂活动引导儿童注意倾听节奏,儿童能够学习专注于声音的节拍或重复的节奏模式等音乐要素上,不但增加了儿童的音乐鉴赏能力,而且能培养儿童关注英文听说中的单词音节、诗歌韵律、语言表达的节奏感等。教师应让儿童尽可能多地接触不同类型、风格的音乐和舞蹈形式,其伴奏音乐或打击音乐的节奏能激发儿童的参与热情。

在这类活动开展时,教师需要注意为活动开展提供安全的、有足够空间进行舞蹈的场地。同时,应明确活动停止的指令,如在活动开始之前,教师让儿童倾听铃铛的声音,并且明确活动纪律要求,"当你听到铃铛的响声时,必须停止一切活动并保持安静。"教师需要通过练习来强化儿童对停止指令的反应。例如,教师让儿童进行自由活动(可以自由走动或交谈),然后教师发出停止信号,让儿童互相观察对停止信号的反应敏感度,不断练习,强化对停止信号的敏感与服从。

三、英语儿歌

演唱是一种原始的音乐表现形式,有助于人们抒发感情、愉悦身心。在英语音乐教学中,通过不同类型的英文歌曲演唱练习,有助于矫正单词发音、学习新的词汇与句型等。演唱相较于大声朗诵,更能体现词句衔接的节奏与韵律,因此可以在演唱中培养儿童英语语感。在儿童英语演唱练习中,以各类儿歌为主要的演唱内容。

(一)发音练习(Vocalizing Practise)

英语歌曲演唱教学的任务是培养学生歌唱的基本知识和能力,并通过歌曲的艺术形象感染和教育学生。为了提高学生表现歌曲的能力,必须进行歌唱的基本技能训练,必须对学生的歌唱姿势、呼吸方法、发声方法、吐字咬字方法等给予正确的指导。

儿童的年龄不同,要求他们掌握的歌唱技能也不同。教师应根据孩子的年龄了解他所应达到的水平,并进行适当的培养和辅导。例如,5~12岁的孩子,唱歌的音域一般不要超过八度,会用自然的声音有表情地唱;能分清音的高低、长短和快慢;做到不说歌,不喊叫,唱准曲调,吐字正确、清晰,呼吸正确(不扬头、不耸肩)。儿童应知道歌曲的名称、懂得歌词的内容,初步理解歌曲的内容和情景,能说出哪个是活泼欢快的,哪个是安静优美的;会以舒缓的声音唱出表现安静气氛的歌曲、以轻快的声音唱出活泼的歌曲、以有力的声音唱出渐弱、渐快、渐慢的变化;唱歌时,知道唱完一句后换气,能接"前奏"或"间奏"。儿童应能独立地唱完一首歌,基本合拍地进行唱歌表演;能边唱边舞,根据音乐节奏和歌词的内容正确改变动作和表情,在唱歌过程中有表情、协调、优美地做音乐游戏和舞蹈协作,如跑跳步、手腕及上下肢配合;能根据歌曲的内容和节奏做一些模仿动作和简单的舞蹈动作,如拍手,踏步,叉腰,旋转、舞动手臂、两人拉手转圈等。

(二)传统儿歌(Nursery Rhymes)

教师在选择儿歌时,应结合儿童的英语发展水平和教学目标,选取适合教学的儿歌。在儿歌选择上,应考虑歌曲的长度,歌曲中出现英语单词的难易程度,适合教学主题内容,朗朗上口的、有节奏感的音乐,歌词简洁、结尾押韵等因素。

有一些英语歌曲不符合儿童当时的发展阶段或不符合他们的民族文化背景,因此教师应了解儿歌的历史背景,判断其是否合适传唱,以及是否需要给予儿童儿歌背景的解释以帮助儿童理解歌词含义。

(三)童谣歌曲(Story Song)

童谣歌曲相较传统英文儿歌有一定的故事性和简单的情节。重复的语言有利于儿童反复进行句式练习,使儿童在边玩边唱的过程中得到语言发展与练习,最终将这种语言能力自然地融入对话中。舒缓的童谣歌曲能让儿童变得安静和放松,如《雪绒花》、《划船曲》等。儿童听到轻快愉悦的童谣时,身体会自然跟随摆动,比如《如果感到幸福你就拍拍手》(If You Are Happy and You Know it)、《变戏法》(Hokey Pokey)等,教师可以在这类童谣跟唱的活动中,加入手指谣、身体律动等活动。

四、手指谣与音乐律动

教师在英语音乐教学中,选取并教授合适的英文歌曲是极为重要的。教师可以从歌曲的音域和歌曲包含的内容两个方面进行选择。歌曲有适合儿童的音域,就意味着大多数儿童将很容易唱出这种旋律。选择适合儿童的音调,让儿童听到并感受到歌曲音调的核心,教师也可以用哼唱带领或启发儿童学习曲调。

(一)手指谣(Finger Song)

手指谣一般泛指配有手指动作表演的儿歌,手指谣的学唱,不但有助于儿童集中注意力、跟随动作记住儿歌歌词,而且有助于儿童进行手部精细动作练习。在教学中,通常教师先为儿童们唱一遍儿歌,第二遍可以加上相应的手部动作。学习儿歌之前教师要有节奏准备,歌曲曲谱都会有 2/4 或 4/4 等节拍标注,教师在第一节拍开始时的领唱将确立歌曲的节奏。教师在教授手指谣时，可适当放慢速度，让儿童尝试跟唱，逐渐熟悉音律和歌词，并进行手部动作的练习。

（二）律动儿歌（Body Movement）

儿童对音乐的反应是全身心的。儿童听到音乐会本能地跟随节奏扭动身体，这也是儿童重要的探索音乐的方式。身体随音乐律动有助于儿童协调能力的发展以及增强音乐感。因此，教师应理解并接纳儿童的这种需求，将身体律动融入英语音乐教学中。教师应给予儿童将身体当成"乐器"的机会，通过拍击手掌打节奏、跺脚踩鼓点等方式回应音符，在音乐中通过身体诠释表达自我。教师可以选择节奏型音乐开展专门的音乐律动活动，节奏型音乐是指由重复的节拍或语句构成的音乐模式，这种活动方式在第二节"动作与舞蹈活动"中进行了详细说明。

律动儿歌鼓励孩子们通过身体部位体验并表演儿歌内容，促使儿童有更多的机会探索儿歌的各种情绪和节奏。同时，律动儿歌活动有助于儿童大肌肉群和身体控制意识的发展，因为儿童需要根据儿歌内容控制身体的特定部位做出指定动作，这有助于儿童发展和理解身体与空间的关系。

（三）问候与过渡儿歌（Greeting and Transition Song）

集体音乐活动为儿童提供了合作和分享的机会。在集体音乐活动中教师为儿童提供多种音乐种类体验，包括歌曲、节奏活动、乐器和儿歌等，这些活动需要教师精细地准备教学资源、器材、材料，并设计互动环节等。

在集体教学活动开展前，问候音乐活动有助于集中儿童注意力，一般使用能呼唤儿童名字的歌曲作为问候音乐，儿童在听到自己的名字时注意力会很快被吸引，等儿童全部安静下来，聆听自己的名字时，教师可以教授需要儿童专心聆听的教学内容。

过渡音乐活动有助于教师调节课程教学节奏，有效利用课程内容转换时的碎片时间，衔接不同教学内容，使课程内容过渡自然，也使课程开展时儿童更容易集中注意力。过渡的歌曲也可用于开始和结束分组活动，因为儿童可以依次被分配加入或离开小组，避免了很多人同时行动时可能出现的秩序混乱。

第二节 小学英语艺术教学法

一、英语艺术教学法概述

儿童艺术教育在西方教育体系中非常受重视，将艺术作为一种教育的手段，既可以满足儿童表达感情的需要，又提供了儿童独立思考和学习的机会。运用艺术教学法进行英语教学，同样可以锻炼儿童的英语表达能力。

(一)英语艺术教学法在英语教学中的作用

不同地域的文化都借助艺术表达自己的个性,通过艺术形式表达自我的需要和对美作出欣赏与评价的能力是人类独有的品质。创造性发展可以被理解成儿童内在精神世界的发展,包括运用各种媒介创造性地表达自我的能力,以及对不同审美形式的认识和欣赏两个方面。因此,在英语艺术教学中应该提供机会让儿童欣赏不同类型的绘画、模型、粘贴或编制的各类手工作品,并形成批判意识,同时有机会运用各种媒介和艺术表达形式进行创造性的自我表达。创造性发展和情感发展之间有着密切的关系,各种艺术形式都有助于提高儿童表达情感和与他人交流的能力。儿童在英语交流语言发展初级阶段,会受到口语表达不足的限制,而运用艺术作为一种媒介来帮助儿童表达自我,有助于促使其英语语言能力的发展。

对于高年级的学生来说,他们已经具有一定的绘画基础和美术技能。教师鼓励学生运用已有的技能参与英语课程教学,能有效激发学生积极性,加强单词的记忆和运用,丰富学生的英语活动。例如,给学生一个主题,在主题下完成创作,之后鼓励学生分析并描述他们的作品。这类艺术活动并不要求儿童具备艺术功底,而是侧重通过艺术作品进行语言表达,同时可以通过这类活动促进儿童综合能力发展,包括创造性思维、发散性思维以及个性化的表达能力等。

(二)英语艺术教学设计

一节组织严密、效果显著的英语艺术课程应该有明确的目标,同时教师在制订教学计划的时候应注意不要在一节课中设计所有的美术目标。与学生分享课程目标有助于学生了解自己应做些什么,应该达到什么样的程度,在课程进行过程中,教师应密切关注目标的成功率,使学生保持积极的学习态度,推动各层次的学生进步。合理的课程计划可以包括小组活动、问题讨论和实际操作等多个环节。课程内容应该前后衔接,有利于完整知识体系的建立。教师在评估和修正课程计划时,应从教学目标明确,教学内容与目标美术知识和技巧直接相关,教学环节强化学生美术学习效果、促进自然书写与阅读能力,课程整体设计融入英语语言教学等方面不断完善。

艺术学习中的自主性为主动进行英语语言学习提供了机会。教师可以通过为学生布置一些具有创造性的作业,如尝试各种水彩画颜料涂鸦,比较不同绘画工具的绘画效果等,进而组织小组讨论、集体讨论和集体作品展示,鼓励学生交流观点并互相评价、反馈,从而培养学生的审美与批判思维、巩固美术知识、提高英语运用水平。

(三)英语艺术教学形式

选择合适的方法和语言引导学生通过绘画等艺术活动促进英语语言学习是英语艺术教学法的目的。注重课程教学中的趣味性,教学环节中设计核心问题的讨论,有助于学生在轻松愉快的氛围中掌握学习内容的重点,克服学习内容的难点,在课堂教学中保持高度集中的注意力和较高的参与性。

1. 学生交流代替教师"自说自话"

所谓"自说自话"就是教师不管学生处于什么样的学习状态,把"必须说"的内容在课堂里进行表述。一种典型的表现是教学课堂是教师的"一言堂",课堂的"精彩"都由教师一个人演绎。还有一种典型的表现是教师在课堂里"自问自答",代替学生回答问题,这样不仅剥夺了学生说话的机会,还缩短了学生学习与思考的时间,弱化了学习效果。

英语艺术教学法运用过程中要鼓励学生之间的交流,转化传统课堂的教师提问学生作答的刻板教学方式,将绘画等艺术活动作为英语对话与交流的载体,在教学中鼓励"多向交流",教师与学生、学生与学生互相讨论,改变教师唱"独角戏"的课堂环境,在热烈的讨论氛围中提升课堂教学效果。

2. 制造有"惊喜"的课程导入

作为英语教师,应该不断提升自己创造性的教学能力,这种创造性应该体现在教学方法上,同样也体现在语言运用上。教师如果总是用同一种语调、同一种语速一板一眼根据教材内容讲课,课程教学缺乏波澜,就难以调动学生的积极性。教师如果能经常创造性地为课堂制造"惊喜",学生的积极性就会被调动起来,课堂就会生动起来。

所谓制造"惊喜",是指教师在课堂中的语言表达生动且符合当时情境,通过幽默的评论、对社会热点问题的关注等给课堂注入新鲜感的同时,也给予学生一定的启发和引导。因此,教师应精心地设计课堂语言,不断根据教学效果打磨课程设计。如果在一个主题中能设计出两三种不同的开场方式,甚至更多的互动环节,那么英语艺术课堂就会活跃起来,课堂会更自然生动,学生更有参与互动的意愿。

二、简笔画教学

在英语教学中选择使用简笔画教学,可以在教学中通过绘画过程的提问,增加教学互动性和趣味性,激发孩子的学习兴趣。

(一)边说边画

英语教学中的边说边画,既可以是教师的边说边画,又可以是学生的边说边画。学生的边说边画活动是为了提高儿童英语水平而进行的绘画创作,既符合儿童发展的需要,又能防止出现"哑巴英语"的教学结果,边画边描述从根本上锻炼了儿童表述能力、语言灵活度和随机应变能力。让学生在学习的过程中能很快地接受并锻炼语言,避免照本宣科、死记硬背的填鸭式教学。在绘画与故事讲述、编创过程中学生化被动记忆为主动讲述,而这一次次的"讲述"就是提升英语表述能力和公共演讲能力的开始。

教师可以运用边说边画的方式引入新的课程内容。比如,在天气主题中,讲授晴天sunny 单词时,教师先画一个圆圈,让学生猜测,有的猜测 zero,有的猜测 circle,还有可能猜测 ball。之后教师将圆形涂成红色或者橘色,这时学生又会开始猜测 apple 或 orange 等,最后教师给圆圈周围加上光芒,学生会恍然大悟,原来是 sun(太阳)。边说边画引入新课的方法,不但引导学生复习了大量的词汇,为学习新课做了铺垫,而且由于学生急于想知道老师画的是什么,从而提升了其课堂专注力,促进其动脑、动口,更容易激发学生学英语的兴趣和求知欲。

(二)看图说话

看图说话就是根据一组或一张图片通过自身的理解,用英语语言组织成一段完整的故事的英语练习方式。英语看图说话属于英语语言交际的一种,对儿童的词汇记忆、理解能力、语言组织能力都是一个考验,但是看图说话的内容相对直接简单,又有图片信息提示,也适用于低年级学生。由于每个学生对图片的理解度是有差异的,所以看图说话没有严格意义上的对与错,只有描述的多与少、是否符合逻辑,教师在指导学生进行看图说话的练习时,应注意以下几点内容。

1. 明确主题

教师应引导学生在进行英语看图说话练习时,首先确定要表达的主题,学生所描述的内容应与所给图片主题和内容相符合。观察并理解图片包含的信息,找到图片中各个元素或者一组图片中的内在关联,如事物的变化、因果关系、环境要素等。然后引导学生思考之后,用自己的话进行一段完整的陈述。随着儿童表达能力和英语水平的提高,教师可以逐步看到学生口语表达能力和逻辑分析能力的发展与融合。需要注意的是每个儿童对于抽象生动的图画理解力都不太一样,教师应鼓励儿童独立思考,创造性的表达,避免千篇一律和从众心理。

2. 总—分—总结构

英语看图说话可从锻炼学生逻辑思维能力和语言表达能力,教师可以通过教授学生连词的用法,明确表达中语句的关系,从而使其表达有条理。看图说话中的第一句要开门见山,直接进入主题,点明描述的核心内容。中间用连词来总结每个图片要表达的意思,可以是并列的关系,如用 and, as well as 等连词;可以是递进的关系,如用 in addition, moreover 等;可以是转折关系,如 but, however;也可以是因果关系,如 so, therefore;还可以举例说明,使用 such as, for instance 等。连词的使用有助于语言表达具有逻辑性,在英语写作中尤其重要。最后结束之前,用一句话简单重复一下自己要表达的主题作为结尾。"总—分—总"的论述结构适用范围广泛,教师从看图说话开始有意识地培养学生运用连词进行有条理性表达的习惯,有助于提升学生日后英语阅读与写作水平。

3. 书面表达

英语看图说话练习是在课堂教学中的一种即兴教学方式,一般学生只要能够有意愿、大胆、清晰地表达出自己的想法就非常值得鼓励了。但是课堂教学时间有限,学生思考和准备的时间不够充分,也没有机会让每个人都能有机会开口表达。因此,教师可以通过课后作业的形式强化学习过程的完整性,让学生将课上自己的口语表达进行书面表达,根据课堂教师点评和提示完成一篇完善的小作文。

总之,儿童在进行英语看图说话练习的时候,要注意做到内容贴合主题,明确清晰地表达自己的观点和思想,可以用词用句简单,当口语表达后落实到书面表达时注意措辞,书写过程注意拼写、语法、标点等规范表达。教师在课程中通过多种形式扩充学生词汇,随着词汇量的积累和日常的不断练习,无论口语表达能力还是作文写作能力都会逐渐提高。

三、创意美术

儿童艺术创作具有自发性。儿童艺术创作像大多数儿童行为一样,是直接和不受批判的。儿童自由地、愉快地绘画,享受在纸上移动画笔的体验,线条、形状和颜色变得栩栩如生。儿童创作的本身没有对错之分,创作的价值在于创作过程本身而非创作的结果或者作品。教师应在英语教学中与学生一同享受艺术活动的乐趣,教师会在这个过程中发现儿童与生俱来的超乎想象的创造力。英语艺术教学不仅仅是绘画或者简笔画,而是通过多种途径和媒介的帮助,鼓励儿童自由的、真实的自我表达。

(一)儿童的艺术创作是一种语言

艺术对儿童的全面发展至关重要,可以促进儿童多领域发展。对儿童和教育者来说,艺术活动既是儿童想象力的展示,又是理解儿童思想的一种方式;既是一种教授和体验知识的途径,又是一种教学工具;既是一种情感联系的方法,又是一种享受乐趣、做决定和表达选择的方式。视觉图像传达情感和复杂性的方式是文字无法做到的。因此,儿童的艺术语言作为儿童非语言交流的重要方式尤为重要。

艺术是一种强大的工具,它让孩子们在用语言充分表达自己之前,就有能力表达自己的思想和情感。而一旦承认艺术是一门语言,尊重孩子的艺术作品就变得很重要了。但是"尊重"并不是例行公事的评论"多么漂亮!",因为这样的评论并无法使儿童感到自己的表达被理解。教师在发表任何评论之前,应先慢慢地、有兴趣地观察和欣赏儿童的艺术作品,询问他们想表达的观点和艺术创作的内容。在教师真诚、尊重的支持和认可下,随着儿童艺术表现力和英语语言表达能力的提高,他们能够更清晰地描述自己的作品,以及作品表达的感情。

(二)教师组织英语艺术活动

教师可以在英语课堂中、在儿童英语语言学习和获得的过程中培养他们的创造力,而手工与创意美术活动就是这样美妙的教育方式。理解艺术价值的教师其实可以把艺术用品引入日常的语言教学中,教师也可以参与到艺术活动中。

在英语学习与练习中,教师有很多机会开展英语艺术活动,并依托艺术活动进行英语教学。教师可以提供各种绘图、绘画和黏土材料,组织儿童进行主题创作;可以鼓励儿童根据主题进行三维创作;教师也可以提供不同的工具和材料,让儿童体验和观察工具与材料的使用效果,如水气球印画、瓶盖印画、车辙滚画、乒乓球滚画、清洁刷水痕画,等等。教师在艺术活动中应花时间观察儿童的创作过程,尊重"小艺术家"的艺术构思与作品呈现。

教师在艺术活动中可以通过问题、评论等增强学生参与度,并促进学生由艺术表达向英语语言表达的转换。例如,教师对学生创作过程表现出好奇心并询问"你是怎么做到的?(How did you make it?)";教师为儿童创造提供支持并询问"你需要什么材料?(What materials do you need?)";教师评论作品的线条、形状、颜色等,"我看到你用了三种颜色。(I see you choose three different colors.)";教师评论作品的呈现效果,"现在你的画看起来更大了。(Your painting looks much bigger now.)";教师询问开放式问题,"你能告诉我你的创作理念吗?(Can you share some of your creative ideas?)"。通过提问、扩充词汇等方式,可以在开放性、探索性的艺术活动中培养学生的英语表达能力发展。

(三)凌乱艺术活动

凌乱艺术(Messy Art,又译为脏画)是一种体验式的艺术方式,儿童自由混合液体颜料,创造出新的组合和颜色。在创作过程中,儿童往往会感到非常兴奋,因为他们能时刻看到创作行为的结果,并建立"行为—结果"的因果联系。儿童在创作中观察和体验颜料的流动、色彩的变化、纸张上形状的动态变化,在操作中激发令人兴奋的探索欲望。

凌乱艺术活动是促进儿童学习的最佳途径之一,为儿童动手操作、自主学习、积极参与提供了非常重要的平台。凌乱艺术创作对儿童来说是非常有趣的,除了用海绵混色涂鸦,他们还会体验把手伸进颜料和其他感觉"发痒"的黏性材料中,例如黏土、橡皮泥等,体验艺术材料的触感。儿童能在凌乱艺术活动中感受多感官参与的愉悦体验,不以结果为导向的自由的、开放式的创作,促进了儿童认知、社交、情感等的综合发展。

在艺术创作过程中,儿童能养成批判性思维,提高自我表达、解决问题和创新的能力。因此,在凌乱艺术活动中,教师应关注学生通过艺术活动而获得的技能,如交流混色的心得、评价作品的配色、发现并分享材料的新的特性等,并在这种积极交流中培养学生的英语口语表达能力和书写技能,而不是担心回家时粘上颜料的衣服。

(四)创意美术中的英语教学

在儿童的艺术创作与学习过程中,教师有计划地加入英语口语的学习,将儿童语言发展同艺术发展巧妙地结合起来,不但能提高儿童对艺术创作的兴趣,而且提升了儿童的英语口语表达能力。教师可以从艺术活动、审美欣赏和艺术评价三个方面着手,将英语学习自然而然地融入创意美术活动中。

1.艺术活动中的英语教学

传统绘画中,儿童根据某个图案或物象,进行临摹或写生。这样的方式虽然对儿童绘画的基础技巧有强化和提高作用,但是无法培养儿童的创新意识、创造能力及自我表达的勇气。如果将英语口语的表达融入儿童艺术创作中,儿童在艺术创作过程中就有充足的时间运用艺术创作材料和工具进行无声的内心情感与认知表达,当这种表达通过艺术作品呈现的时候,教师可以帮助儿童将这种表达转化为英语口语的表达形式。这样儿童一边用艺术形式表达内心的想法,一边运用简单的英语口语表述艺术作品的内容。由此,英语口语巧妙有效地融入了儿童艺术创作中,也使儿童艺术创作发挥了其真正的价值。

2. 审美欣赏中的英语教学

儿童艺术活动中涉及对儿童审美能力的培养,如手工艺欣赏、名画赏析等,在这些美术活动中,教师可以把英语口语有意识地加入其中,在促进儿童审美能力发展的同时,提升其英语表达能力。同时,儿童创意美术活动涉及很多内容,如外出采风写生的过程中,儿童有机会感受大地蓝天、感悟江湖山川、感受人情文化,在这个过程中教师可以引导儿童运用英语进行交流、互动。

由于动画视频能够很好地展现人物的动作和场景的变化,并且具有非常丰富的英语教学资源,因此其也是常用的教学媒介。教师选取经典的英语动画视频,引导学生在视频观看中观察色彩、色调的运用,构图和场景的切换,能够很好地为儿童艺术创作提供灵感和素材。在观看和赏析动画视频的同时,可以通过复述经典的人物台词、扮演动画角色、小剧场表演等多种形式进行互动演练,并将创意美术制作融入服装、布景的创设中。通过这样的小型活动,儿童既能获得艺术表达的机会,又能强化英语口语的训练。

3. 艺术评价中的英语教学

运用语言进行美术作品评价是现代美术教育中不可缺少的一部分,也是美术教学中非常重要的一个环节。由于儿童语言表达能力的高低会直接影响到其对作品的描述与思想的表达,因此将英语教学融入艺术作品评价,既可以提高儿童对美术作品的分析能力,又能提高儿童英语单词量和语言组织及表达能力。

儿童在评价美术作品时,最开始的感受是获得美感的重要基础。教师可以通过引导学生在评价作品时用简单的英语口语来表达对画面的直观感受,再从审美的角度进行解读。例如,在名家绘画作品赏析的过程中,教师通过提问"喜不喜欢这幅画?上面画了些什么?画面是以什么颜色为主?整幅画感觉是欢快的,还是伤感的?这个主题你会如何绘制?"等问题,引导学生以英语的思维来思考和回答这些问题。之后,教师介绍画的创作背景以及艺术家的风格,再引导学生根据作者的性格、经历、历史背景等理解作者通过作品传递的思想。比如,在欣赏美术作品《日出·印象》时,教师可以播放英语版的莫奈传记影片和海上日出的影片,再对比画作中的日出景色,理解画家对光影的描绘,之后鼓励学生用英语表达出自己对作品的想法。通过这样的教学方式,使英语口语充分融入艺术作品的评价中,让学生在艺术评价训练的同时获得英语水平的提升。

第三节 小学英语游戏教学法

一、英语游戏教学法概述

英语教学中强调口语表达能力和阅读与书写能力。语言的听说是语言读写的基础,因此在英语教学中通过多种手段促进学生在运用过程中提升语言使用水平极为重要。英语游戏教学法为不同情景中的语言使用提供大量的机会,使学生在运用语言进行描述、复述、提问、提出主张、表达愿望、获得帮助的游戏过程中,成为熟练的语言交流者。

(一)英语游戏对儿童发展的影响

1. 促进儿童积极情感的发展

游戏是快乐的,给人积极的情感体验。在英语游戏中,教师通过为儿童创设自由宽松的游戏环境、提供新鲜有趣的活动体验,激发儿童正向学习能力。

儿童在游戏活动中体验到语言交流的乐趣,并在获得成功和肯定后,引起自豪的情感体验,增强自信心和自尊心,从而不断激发学习语言的兴趣,增强学习的主动性和积极性。

2. 促进英语语言能力的提高

英语游戏为儿童提供了运用英文的环境。儿童在不知不觉的情况下会使用英语进行交流、表述和对话。儿童不再把说英语当成负担和强制性的行为,游戏中的语言是自发的、无约束的。儿童在放松的情况下,将英文的交流与游戏的内容同化,使语言学习融入游戏玩乐。

3. 促进儿童智力的发展

游戏是发展儿童智力的重要手段。语言是思维的工具,儿童早期的语言能力是他们智力发展的重要标志。以英语游戏为媒介,促进儿童倾听能力、理解能力、表达能力、阅读与书写能力,同时促进专注度、记忆力、观察能力、推理能力和判断能力等多方面的共同发展。

(二)英语游戏的选择与设计

英语教学游戏具有游戏性、语言性、教学性等特性,在游戏设计与选择中,应以教学性为基础、语言性为本质、游戏性为特色。设计与选择英语教学游戏时,需要考虑教学因素、学生因素、教师因素、环境因素等多种因素,从而能够通过英语游戏达到教学目的。

1. 教学因素

(1)英语教学的目的

英语教学游戏应该有非常明确的教学目的。英语游戏设计首先需要明确通过英语游戏达成培养学生综合语言运用能力的目标。根据语言运用的教学目的,有针对性地进行游戏内容与环节的设计,使游戏活动围绕促进学生英语语言发展、提供真实语用的教学目标展开。

(2) 语言使用的目的

英语游戏教学法的目的在于提高学生在游戏情景下的英语应用能力。因此,教师在选择与设计英语游戏时应分析游戏中运用语言的情境能否在真实生活中出现,通过调整游戏规则使游戏中运用语言的形式能真正应用在生活中,从而达到通过游戏提高学生应用语言的能力。同时,随着学生语言能力的增强和知识储备量的增加,教师应不断进行动态调整,根据学生的兴趣、心理和生理特征、语言能力等调整游戏教学内容。

(3) 多元化教学的目的

多元智能理论提出人类思维和认识的方式是多元的,包括语言智能、数理逻辑智能、音乐智能、空间智能、身体运动智能、人际交往智能、自我认识智能、自然认识智能等。英语课程作为基础学科课程,除促进学生的英语语言学习之外,也具有培养学生的认知能力、观察能力、分析能力、情感态度、文化意识等多元化的教学目的。因此,教师在游戏选择与设计中应考虑全面的教学目的,通过英语游戏教学促进对学生多元智能的培养。

2. 学生与教师因素

(1) 学生英语语言水平

英语教学游戏的教学目的是培养学生运用英语的能力,教师在设计与选择游戏时应充分了解学生已有的英语语言水平,并按照学生已有英语能力和游戏教学中要求学生掌握的新的教学内容,合理设计游戏的语言教学要求,使学生通过游戏真正获得新的语言能力,提高语言水平。

(2) 班级规模与活动人数

教师设计与选择英语教学游戏应考虑参与游戏的学生人数和教学的可行性,以确保在游戏顺利开展的过程中,学生有充足的机会进行语言的使用和练习。

(3) 学生与教师的性格与兴趣

教师应充分考虑学生主体特性,按照学生的兴趣、真实心理与生理特征来选择与设计游戏。同时,教师自身的性格与游戏兴趣也会影响游戏活动的开展。教师认同并且能享受游戏的乐趣,才能为学生营造轻松愉悦的学习环境。教师可以根据自身兴趣、爱好、特长、教学经验等选择游戏,如需要运动技能的游戏、需要复杂的逻辑分析和推理的游戏、需要创新与想象力的游戏、需要敏锐观察力和记忆力的游戏、需要艺术创造力与表现力的游戏等。同时,教师应在游戏教学过程中不断进行动态调整,积极面对和解决各种突发情况,在反思与总结的过程中不断完善游戏教学设计。

3. 环境因素

(1) 游戏时间

设计与选择游戏要分析游戏适宜开展的时间、游戏持续的时间。游戏时长根据儿童的年龄来决定,年龄较小的学生由于自控力和专注度较差,教师可以考虑适当调整游戏时长,调动学生的积极性,保证教学和游戏效果。对于需要很长时间才能完成的游戏,教师需要综合考虑学生的兴趣,精细计划游戏实施的环节,合理安排教学时间,保证学生全程的参与度。

(2)活动空间

教师设计游戏时需考虑空间因素的限制条件和附加效果。例如,一个锻炼大肌肉群发展的体育游戏就不适合在狭窄的教室里开展。教室环境适合垂直水平空间的游戏活动,无论是音乐律动、儿歌互动,或者绘画、艺术手工活动,还是单词和对话游戏、故事游戏、体验与探索游戏等,都在教室环境下进行,既能调动儿童积极性,又能充分利用教室现有的教学条件和环境。

二、英语语言游戏

(一)英语语言游戏的概念

儿童早期在游戏中随意性的语言就是一种语言游戏,带有明显的自娱自乐的特点,没有具体的意义。本章所指的语言游戏与这种语言游戏是两个不同的概念,即在教师的引导下儿童有目的性地进行趣味性、互动性、促进英语语言发展的练习活动。

语言游戏是由教师根据儿童语言发展特点专门设计的、对儿童具有吸引力的、带有明确任务的教学游戏,是一种半活动半游戏的教育活动形式。在儿童英语语言游戏中,游戏的形式与发展语言的任务有效结合,构成了"教学游戏化、游戏教学化"的特点,激发儿童学习语言的兴趣,游戏的侧重点在于单词的使用,并通过提问、回答对句式的使用进行重复练习,达到在游戏中拓展词汇、掌握句式的教育目的。

(二)英语语言游戏的特点

1. 有明确的英语语言教学目标

每一个语言游戏都包含着对儿童语言学习的具体要求。教师根据不同的教学内容,明确语言发展目标并设计相应的教学游戏,组织指导儿童在游戏中进行练习,以达到理解、掌握、运用的效果。

2. 有明确的游戏规则

语言游戏中的规则是为实现语言的教学任务而定的。教师将活动中语言学习的重点转化为游戏规则,既提高了游戏的趣味性,又达到了发展语言的目的。

3. 英语学习占游戏主导

英语语言游戏兼有教学和游戏的双重性质。因为有明确的学习任务,教师在活动初期起主导作用,需要帮助儿童理解游戏规则和活动内容,示范游戏玩法,组织开展游戏。随着儿童逐步熟悉游戏方法后,教师的主导作用逐渐减小,直至儿童能自主进行游戏。理想的语言游戏的结果是既达到提高英文语言水平的目的,又充分发挥游戏的价值,不断激发儿童的学习积极性。

(三)英语语言游戏的设计步骤

1.确定游戏目标

游戏目标是游戏活动设计中最重要的一环,决定着游戏活动的设计方向、范围和程度,是游戏活动的中心。游戏内容和难易程度应该由本班教师根据儿童语言发展的水平与程度进行制定。

2.选择游戏内容

游戏内容是实现游戏目标的具体手段,是游戏设计和实施的主要依据。教师主要根据儿童的兴趣爱好、语言发展水平进行选择。教师可以对游戏内容进行弹性设计,既能通过提高游戏内容难度帮助英语语言学习较快的儿童,又能通过降低游戏难度帮助英语语言学习较慢的学生。

3.设计游戏流程及实施要点

语言游戏可以作为集体教育活动中的一个环节,也可以作为一个完整的教学活动开展。在语言游戏的设计与实施中明确游戏规则和引导学生进行游戏是决定游戏活动效果和教学效果的核心,也是保证游戏顺利进行和教育目标达成的关键。

(1)明确游戏规则

教师需要通过语言讲解与动作示范相结合的方式向儿童讲解游戏的基本规则、步骤和要求。教师可以从明确安全问题、语言简单易懂、示范与参与游戏三个方面进行准备。

第一,安全问题:由于现在班级人数的增加,安全问题是游戏环节的重中之重,教师一定要在游戏开始前强调安全问题。例如,控制小组人数,禁止室内奔跑、跳跃,控制说话音量,保持纪律,等等。

第二,语言简单易懂:教师要向儿童讲清楚语言游戏的规则要点,一般就是在游戏中儿童要按照规范说出的话,即说什么、怎么说,用到哪些生词、新词。要帮助儿童清楚地理解游戏的开展顺序,即先做什么、再做什么、不同角色如何做等。简单明了的语言讲解便于儿童在最短的时间内集中注意力,理解并掌握游戏的规则要领。

第三,示范与参与游戏:讲解和示范是了解语言游戏的主要途径。放慢速度的讲解和示范能让儿童感觉到这部分信息的重要性,从而更好地帮助儿童理解游戏的规则。组织低龄儿童进行游戏时教师可以以主要角色的身份直接参加游戏,邀请能力强的儿童与教师一起进行游戏示范,熟悉游戏的玩法和规则。随着儿童年龄增长和英语语言能力增强,教师可在讲清楚游戏规则后,请部分英文语言能力强的学生进行示范,检查学生是否理解游戏规则。当全体儿童都明确游戏规则后,就可以开始游戏了。

(2)引导游戏过程

在游戏实施中,教师在旁边观察学生语言使用情况,并适时进行协助与提示。教师需仔细观察全班,确保让所有人都能积极地参与游戏。教师可从观察与介入时机、因材施教、总结评价三个方面入手,确保教学目标的达成。

第一,观察与介入的时机。教师担任观察者的角色有两个目的:一是了解儿童对游戏玩法、规则的掌握和游戏目标的完成情况;二是及时发现问题,提供适时适度的帮助和介入。在发现问题后,不一定立即介入,可先观察学生自行解决问题的情况后再做判定。如每个问题教师立即介入帮助解决,就会严重影响游戏的流畅度和学生解决问题能力的培养。

第二,因材施教。儿童是独立的个体,所以教师应理解他们在游戏中表现出水平和理解力的差异。教师在观察中要对儿童的游戏行为和语言运用情况及时分析,因人施教。例如,对于能力较强的学生,教师可以提高任务难度,有针对性地提升他们的语言水平;对于胆小、内向的学生,教师可鼓励儿童参与,帮助他们从开口说话开始逐渐提升自信心,自信心提升之后他们会愿意主动尝试、积极参与游戏;对交往能力较弱的学生,教师可引导小组共同游戏,激发合作游戏的兴趣。

第三,及时总结评价。对语言游戏进行及时的、有针对性的评价和总结,及时将儿童在游戏中的闪光点和成功经验加以反馈,使儿童获得肯定和鼓励,提高他们的分辨能力、语言运用能力。

三、英语故事书

(一)英语故事阅读方法

对于儿童来说,掌握阅读技能是一个循序渐进的过程。阅读英文绘本故事书能够提高儿童英语语言水平,因为在阅读绘本的过程中,不仅仅是对文本进行解读,还涉及理解文字的表达、欣赏绘本的插图、享受阅读的过程。教师在阅读的过程当中,应逐渐帮助儿童增强他们的英语阅读技能,使学生的英语学习从认识字母和词汇,到掌握语法和句型,再到掌握阅读技巧,最终能够喜欢阅读各种材料并获得以自己的速度和方式进行顺畅独立阅读的能力。为达到良好的教学效果,教师在选择和阅读绘本图书时应注意以下问题。

第一,确保所有儿童都可以看到图书的插图,教师可以通过扫描的方式,将绘本图书提前扫描,以课件的方式进行展示。

第二,选择适合儿童年龄和语言发展水平的英文原版绘本。

第三,在给儿童阅读故事之前,教师需要通读几遍,理解故事的内容以及相应的文化背景。

第四,阅读活动开始的时候,在学生完全安静下来以前不要读故事,确保他们在听故事的时候能够全神贯注。

第五,教师可以使用手偶等道具协助故事讲解,阅读的时候精神抖擞,表情丰富,抑扬顿挫。

第六，在故事阅读的过程中，可以选择合适的时候停下来，通过提问引导学生思考他们所听到的内容。

第七，根据故事情节和内容进展，引导儿童观察插画上的线索，并根据线索和已经发生的故事推断之后发展的方向。

第八，在故事阅读之后与儿童一起讨论喜欢故事哪些内容，希望对故事的哪些内容和情节进行改编。

(二)创设故事情境的方法

创设故事情境的主要目的是使学生在学习过程中，将故事中的人、物、事与自己的生活经验建立联系，加深对故事的理解，从而调动倾听与参与讨论的积极性，以便产生良好的语言教育效果。创设故事情境的方法很多，归纳起来主要有以下几种。

1. 利用相关实物创设故事情境

在教师创设情境时，用一些与游戏内容相关的玩具、日用品等实物创设故事情境会迅速地将儿童带入故事气氛之中。例如，在讲猫头鹰的故事时，可以运用猫头鹰的手偶创设故事情境。

2. 利用生动形象的语言建立故事情境

生动形象的语言能够促使儿童对故事更加感兴趣。教师需要让儿童很快进入角色，相比直接开始讲故事可以先展示绘本封面，介绍封面人物的名字和性格等，也可以运用儿歌、童谣引导学生猜测故事主题。

3. 利用生动形象的动作示范创设故事情境

形象的动作示范也是导入英语故事的一种方式，故事讲解者通过夸张的表情、搞怪的声音、肢体动作展示等与听众(学生)进行趣味互动，可以激发学生的兴趣和热情，引领他们迅速进入故事情境。学生根据教师的展示进行丰富的想象和联想，创设轻松的故事气氛，使学生自然而然地进入故事的情境之中。

4. 利用音乐、香氛营造故事氛围

在条件允许的情况下，教师可以通过音乐营造故事氛围。例如，关于大海的故事可以播放海浪和海鸥的声音素材；发生在雨天的故事可以播放下雨、雷电的声音素材；发生在森林里面的故事可以播放虫鸣鸟叫的声音素材，等等。通过香氛营造故事氛围也是很好的带入故事情境的方式，花香、茶香等味道都可以营造出春夏季节中，身处在大自然中的感觉。故事开始前，教师可以引导学生闭上眼睛聆听或运用嗅觉感受。

(三)运用自制图书开展英语故事活动

教师可以通过多种途径帮助儿童提高英文阅读技能，如读英文故事书、朗诵英文诗歌、制作图书等活动都可以让儿童意识到阅读是一种有收获的、快乐的体验。无论采用什么样的教学方式，教师需要激发儿童读书的兴趣，给予儿童充分的机会选择和分享图书。同时，教师可以建议有条件的家庭将亲子英文绘本阅读纳入常规的家庭活动中,提供让儿童制作图书的机会是让儿童体验书写与阅读乐趣的有效途径。在图书制作的过程当中,儿童不仅会对自己的图书作品产生自豪感,也会将自己的成长通过照片、绘画作品等方式呈现出来。给自制图书进行配图和文字说明的过程,有助于儿童在阅读中结合配图辨认词语、理解句子含义,从而在情景阅读(contextual reading)中增强儿童阅读的自信心。

第五章 小学英语课堂分级阅读教学

第一节 分级阅读教学管理的理论建构

一、分级阅读教学管理的理论基础

(一)人本管理论

人本管理论尊重人性、尊重个体差异,关注学生的主观能动性能否得到发挥。该理念的核心思想是"以人为本",主张在对"人"充分了解的基础上,促进人的潜能开发,引导学生做出有意义的事情。不同于传统管理思想认为的"分数就是一切"的评价方式,它注重学生的全面发展,采用多元的评价方式去影响学生的综合素质。该理论不仅对促进学生全面发展有帮助,在提高教师的教学组织积极性方面也很有帮助。人本管理论对教师来说要求管理者要理解教师,尊重教师,耐心地倾听教师的声音,呵护教师的教学激情和教学智慧,管理者要给教师提供创造发展的空间,以实现教师的可持续发展目标。

分级阅读逆向教学设计理论主张以学生为中心,从学生的认知起点出发,进行相应的教学设计,教学评价中鼓励教师先确定评估证据,以多元鼓励为主。将人本管理论应用在分级阅读逆向教学设计实施的课堂中,能够发挥师生双方的主观能动性,在培养学生核心素养目标和实现教师专业成长方面能够起到积极的作用。

(二)行为科学管理论

行为科学交叉运用心理学、社会学、人类学、生理学多种学科理论来研究人的行为。行为科学将"人的内在需要"看作是激发人内在动机的原始驱动力。行为科学在教学管理中的目的就是激发员工和干部的这种"内在需要",以增强积极向上的内驱力。

分级阅读逆向教学设计应用于课堂教学,教师不再是权威者,在课堂上能够以学生为中心,从学生的实际出发,解决实际问题,有利于构建一种和谐平等的师生关系,在答疑解惑的同时能够激励学生朝着更大的目标前进。教师作为施教者,以及改革教学方法的主体,其本身也具有实现个人价值的体现和个人自我全面发展的需要,能够为分级阅读逆向教学设计模式推广的过程提供理论依据。

(三)系统管理论

现代管理理论强调把教学管理看作是一个完整的系统。在这个完整的系统中要用整体观来看问题,解决问题,以防止受片面观点和局部观点的影响,该管理理论强调人的能动性在管理中的创新和改革。

现代管理理论为分级阅读逆向教学设计实施教学管理提供了理论依据。将分级阅读逆向教学设计实施教学管理看作是一个完整系统,管理过程中的教学管理主体、教学管理内容、教学管理机制、教学管理评价等相互影响,学校管理者从宏观的角度去管理每一个子系统,有利于教学管理执行的有效性。

二、小学英语分级阅读教学设计

(一)小学英语分级阅读教学设计模式研制依据

1.逆向教学设计教育理论基础

(1)建构主义理论

学生的认知是逆向教学设计的基础。与以往的学生需顺着教师的思维来学习不同,逆向思维要求教师要顺着学生的身心特点和学生的认知起点来组织教学。学生是建构主义理论强调的学习中心,同时也是知识意义的主动建构者。在实施教学设计的过程中,教师要能够明确学生认知结构发生变化的点,使用一定的教学策略,通过师生之间的互动,引导学生自主学习体验、解决问题。建构主义认为人主动地构建知识的过程才是学习,该理论认为学习应该通过一系列的"刺激"由学生的旧经验出发重新构建新经验。皮亚杰、维果茨基都对建构主义的发展做出了贡献。皮亚杰的"平衡—不平衡—平衡"的循环认知理论以及维果茨基的"文化历史发展理论"和"最近发展区"都阐释了儿童认知的发展规律。

培养学生的能力,是建构主义进行学科教学设计的前提;使其成为真正的素养者,是学科教学的目的。在教学设计过程中,教师要了解学生的学情,要按照学生的需要来设计教学活动,最适合学生的课堂才能增强学生的自信心和英语学习兴趣。因此,在小学英语分级阅读教学设计的过程中,在设定教学目标的环节时,教师要能认清学生的认知发展水平,知道不同教育程度的学生能够接受何种程度的知识难度,能够设定合理的教学目标让学生在具有成就感的学习环境下获得自身最佳发展。其次,教学设计的目的在于使学生更好地理解知识的深层次意义并能够在真实场景中应用,而不能简化教学流程,浮于表面。这就要求教学设计需要设置真实的情境,在这个真实的情境中培养学生能力,而不能仅局限于课内知识的灌输。

教学设计中要基于教学目标对情境、信息资源、学习方法进行设计。这个理念能够指导设置小学英语分级阅读教学设计时以学生为主体创设情境,有效利用信息资源,根据学生的实际情况采取有效的教学方法。

(2)全语言教学观理论

教师以既定的目标结果为导向,必须要思考,为达到不同的核心素养目标,在整个逆向教学设计的过程中组织哪些教学活动可以让学生将可观测的词义、句意、语篇的理解、文化内涵的把握、思维能力的提高等因素展现出来。学生如果能通过语言、选择答案、配对答案、复述以及相关测试题等方式将以上方面的掌握程度表达出来，那么就意味着学生达到了既定的教学目标。因此，要求教师一定要有全语言教学观理论。

全语言教学是以"儿童本位""建构主义"为基础的一种教育哲学观。该理念强调语言的学习应该是整体的而不是片面的、割裂的词句，应该是先整体感知，再注重句子与句子之间的联系，即语言学习是先整体后局部的渐进过程。

全语言理论要求我们关注"全"的意义，是对教师的教学设计能力提出的挑战，即要求教师要全方位考虑到教学过程中的文本内容知识点、文本意义、学生情况特点、教学过程、语言学习等，要尊重学习者的学习态度包括好奇心、探究意识等，认同语言的发生是为着真实的交际而发生的，语言学习的重点是阅读文本的意义和真实话语而不是语言本身。这个理论指导研究过程中要将分级阅读语言学习的重点落实在阅读文本意义上，而非片面的语言本身。在教学设计时要能关注到学生的学习状态和心理特征，有意识地选择合适的教学方法进行教学设计。

(3)皮亚杰的认知发展理论

逆向教学设计理论以学生为中心，学生学情是教师首先要掌握的。一节课的教学效率好坏、教学目标的达成度同时受学生学习的思维方式与学习习惯态度的影响。皮亚杰根据不同时期图式功能的不同特征，将人的认知发展从婴儿期到青春期分为了四个阶段，身心特点以及思维特征在每个认知发展阶段不尽相同，在实际的教育实践中，关注的教育重点、实施的操作策略也有所不同。

小学阶段的学生处于具体运算阶段，即处于学龄的6～12岁。6～8岁的低年级学生，思维在前运算阶段与具体运算阶段互换，孩子处在幼儿期向儿童期的过渡，对事物的理解脱离不了具体实物，不能理解抽象的、假设的问题。其注意力集中时间不长，比较好动，对事物的认知好奇心特别强。这就要求教师在教学设计过程中采取的教学方法直观、具体，且能够抓住学生的注意力。分级阅读材料多以提供语音输入为主，促进学生语音意识发展，注意培养学生的品读能力。在8～10岁的中年级段，学生有了一定的抽象思维能力，其心理发展基于生理的成熟水平，即其认知水平，取决于学生本身的经验和知识的积累。这个阶段的学生思维活跃，好表现自己，积极参与课堂，也极易受挫，教师在教学中要保护好学生的积极性和求知欲。在教学设计中适合在分享阅读中多创造机会让学生围绕人物和情节展开讨论。10～12岁的高年级段，学生的抽象思维全面发展，甚至可以产生怀疑的能力，即产生了一定的辩证思维的能力。教学过程中，教师要引导学生通过亲自动手、亲身实际体验等方式，让学生对不熟悉的概念或难以理解的问题情景等进行探索和理解。教师要帮学生梳理自己的分析过程，促使其认知能力的发展。

该理论指导本研究在选择分级阅读教学资料时要能关注到学生的心理认知水平,对教学设计过程中指导教学目标的设定、教学策略的选用以及设置教学评价的手段等都有指导作用。

2.逆向教学设计的相关理论阐述

(1)阶段一:预期目标确定阶段

逆向教学理论认为,在明确的目标指导下促进学生理解的教学设计才是真正有效的。最主要的三个关键词为"理解""大概念""基本问题"。布鲁纳将"理解"定义为一种能力,这种能力能够恰当地整理事实和技巧。判断学生是否"理解",标准在于观察学生能否迁移、活用已学的知识。在小学英语分级阅读教学中,我们需要深入"理解"分级阅读文本,分析分级阅读的文本内容和文本内涵,需要"理解"英语学科的核心素养,需要"理解"新课标的要求。

"大概念"一般指那些能被迁移使用的、具有概括性的核心概念、原则、理论和过程。在分级阅读教学中,"大概念"指学科核心素养的内容,新课标的要求,分级阅读文本主题语境等等。

关于"基本问题",是指促进探究、理解和学习迁移的问题,是在"大概念"的基础上提出的。

(2)阶段二:确定评估证据

阶段二从目标、理解、基本问题三个层面细化预期目标,通过学生的表现或其他的结果性材料,如小测验、考试、问答题、观察、作业、日志等进行评估,评估需要通过表现型任务来获得,一般使用GRASPS架构。

GRASPS架构中有六个评估任务元素,每一个字母都对应一个评估任务:Goal(目标)、Role(角色)、Audience(对象)、Situation(情境)、Performance/Product(表现或产品)、Standards(标准)。根据这些架构表达的表现性任务,对照学习者"答案"了解其思维过程。

(3)阶段三:学习体验的教学阶段

这一阶段依据前个阶段展开,包括内容的选择、方法的制定,通过WHERETO强调哪些学习体验和教学能够带领学生达到预期的结果,这些为教师提供了检查的标准工具。

W指学生通过教师教学,能够了解的分级阅读的学习内容(What)、学习方向(Where)和原因(Why),以及教师掌握的学生原有知识经验、兴趣等的学情起点(Where)及其综合考虑的结果(What)。

H指教学在开始就能调动(Hook)学生的原有知识经验,调动学生对教学内容的学习兴趣,在教学过程中能够保持(Hold)住学生的学习注意力。

E指教给学生知识武装(Equip),即教给学生学习方法,能够帮助学生体验(Experience)分级阅读故事中的人物故事、人物情感,探索(Explore)问题,让学生能够(Enable)理解故事的主旨大概,能够用语言进行描述或者表达观点。

R指提供机会,引导学生反思(Reflect)、重新考虑(Rethink)为什么会有这样的故事发生等,修改(Revise)他们的理解及学习表现。

E指引导学生进行评价(Evaluate),可以自评或者生生互评上课的表现。

T指因材施教,对不同的学生做到量体裁衣(Tailor),反映不同的需求。

O指合理组织(Organize)教学,教师要以教学设计为前提,通过合理组织教学管理来激发学生的学习动机和参与热情,通过教学管理、组织实施,最终实现较好的学习效果。

4. 逆向教学设计的操作模板

逆向教学理论提供了设计模板,教师在设计时可以根据实际情况进行取舍和改动。

(二)小学英语分级阅读逆向教学设计模式提出

1. 小学英语分级阅读逆向教学设计的操作模式

针对传统教学中出现的目标设计没有思路,目标与教学过程和评价脱离的问题,借鉴逆向教学设计理念,来构建基于逆向设计理论的小学英语分级阅读教学设计流程。

我们先来回顾传统小学英语分级阅读初步教学流程图,见图5—1,再对照逆向教学设计的教学阶段步骤图,见图5—2。

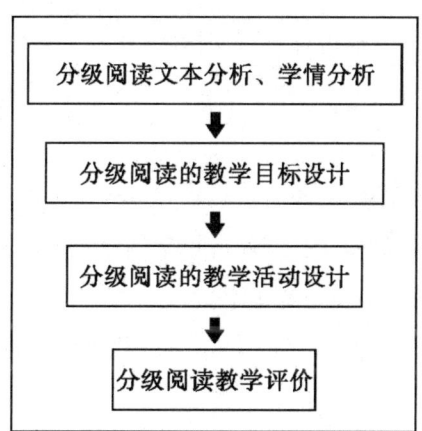

图5—1 初步小学英语分级阅读教学设计流程

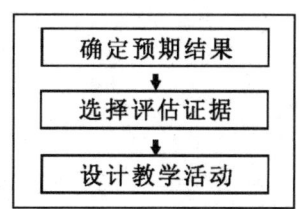

图5—2 逆向教学设计环节

利用逆向教学设计中对于预期结果的设计模板,改良小学英语分级阅读初期教学设计流程。转换原先的教学评价思路,在教学设计实施之前考虑对教学结果的评价,将评价视为是否达到预期结果的依据,保留原先小学英语分级阅读教学设计中的部分任务情境活动的设计,又辅以逆向教学理论中GRASPS评估证据元素和设计实施教学过程时参考的WHERETO元素,来作为检验活动设计是否科学的工具,根据这样的优化思路,构建出以提升学生核心素养为目标的小学英语分级阅读的教学设计流程模式,如图5—3所示。

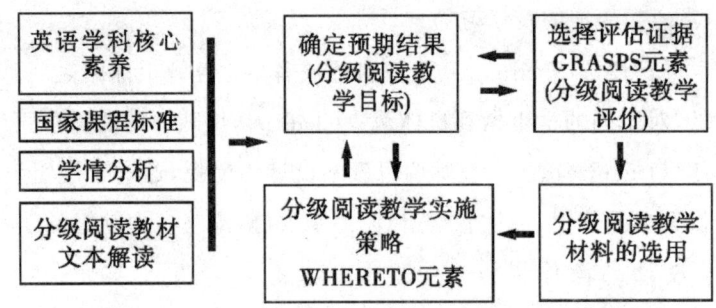

图5—3 小学英语分级阅读逆向教学设计模式

2.基于逆向教学设计理论的小学英语分级阅读设计思路分析

教学设计要体现一种教学理念,它是一种技术、一套工具、一个过程,这个技术或者过程要能够用来指导教师进行教学准备和进行教学评价。

首先,秉持"目标为导向"的观点。目标的内容就是具体的教学结果,逆向教学的优势在于目标具体化。但是目标如何具体化,改变了原先凭经验、凭理性的做法,可以科学地以"学生学科核心素养、新课标要求、教学内容文本分析、学生的学情"结合GRASPS相关元素分析,从各方面综合考虑,优先选取最适合分级阅读教学内容的教学目标。

其次,确保"评价先行"。评价先于教学实施步骤的设计。教学目标的确认又给评价的评估标准指明了方向,结合目标,从学生的角度出发,学生应该学会什么内容、知识点,学生应该提高什么能力,依据教学目标,教师需要通过什么评价方式(口头评价、习题或者活动结果)让学生的能力得到任务型表现。反之,评价标准的制定又进一步让教师明确了目标的结果,让教师对教学结果更为明朗。在此基础上,目标导向的观点也避免了教师选用分级阅读材料的盲目性。分级阅读只是一种拓展阅读,不可能替代学科教学而存在,分级阅读的选用应该结合学科教学的任务和特点而进行。

再次,明确"以学定教"的思想。分析上面的教学设计流程图,可以看到优化后的小学英语分级阅读教学设计在遵循传统设计的部分关键步骤之外,通过选择评估证据又确保了预期结果为导向,以及按照WHERETO等元素着手实施教学设计。教师能够从学生的角度去思考学生的输出端可能是什么,最终学生能够学到什么,体现了以学生为中心的教学思想。老师要转变"想教什么"的经验,到通过评估手段清楚地知道"学生需要学到什么""将要学会什么";转变"学生学了什么"为"学生学到了什么""学生学会的程度"等,让教师从学生的角度去进行设计思考。

目标导向引领并制约教学设计的过程。教师教学过程的设计要以教学目标为指导,参照以目标为结果的评价标准而进行。避免为了提升学生的学习积极性而教,避免为了完成活动任务而教。要以提升学生的学科核心素养为目标,并通过恰当的教学活动以适当的评估证据将目标的完成情况表达出来。反之,教师因为有了明确的目标导向,在教学实施的环节中,也能时刻以目标评估自己的教学行为,更能有目的地调动学生,引导学生学会什么,提升什么。这个小学英语分级阅读教学设计的操作模式是一个逻辑上升的微循环的过程。通过教学设计模式中各元素的互相作用,教学情况的反馈,教师的教学反思,能够进一步指导教师发现问题,并进行有目的的修正,从而提高教师的教学专业素养和教学能力。

三、以分级阅读促进教学管理变革的可行性分析

(一)分级阅读逆向教学设计教学管理的主要影响因素

1. 教师

首先,教师是学习者、创新者。在逆向教学设计课堂教学管理推广中,教师是学习者、创新者。新的教学设计模式,需要每个教师先学习理念,获得分级阅读逆向设计理念的设计方法,才能够进行实际的应用。同时教师也是创新者,在实践中能够不断开拓创新、不断完善新的教学模式,在实际的教学应用中通过反思经验,为完善分级阅读逆向教学设计模式贡献力量。其次,教师是课堂教学管理的引领者和保障者。课堂教学管理的效率需要以有效的教学设计作为基础保障,教师根据既定的教学设计引领学生达到教学目标。因此要求教师必须具备相应的技能,才能在教学前设计出高质量的分级阅读逆向教学设计,以便在课堂教学管理中积极引导学生认识重难点,引导学生突破重难点。

此外,教师需要以平等的身份在课堂中与学生相处。师生之间共同合作,共同完成教学目标;教师在引导学生向目标前进的过程中,又需要适当地对学生进行管理,以确保能够和学生共同完成教学目标、成长目标。

2. 学生

学生是课堂的主体,也是课程实施、新的理论、教学方法的最终验证者和受益者。因此,要在教学管理的过程中全程关注学生的体验和具体感受,形成以学生为中心的教学管理认知。

3. 资源保障

(1)分级阅读教材

分级阅读作为拓展课程的教材,保证学生人手一本,需要得到学校的资金支持和保障。

(2)时间安排

分级阅读教学作为拓展课程进行教学,需要得到充分的时间安排。在学校学时安排固定的情况下,要考虑分级阅读的教学时间。

4. 评价体系

完善的评价体系能够及时监督教学改革的效果和实施的程度。对教学改革的实施作出科学合理的反馈。逆向教学设计评价先行的设计规则,能够确保教师对教学过程中的教学

评价建立整体的认知,并整理好评估证据。

(二)逆向教学设计的教学管理特点分析

1.具备教学管理的整体性

逆向教学理论倡导"大概念"和"关键问题"引领分级阅读进行整本书教学,避免传统教学中只教单词、句子及零散的知识点。为了帮助学生实现目标,以终为始,按照"预期结果—评估证据—学习体验"的顺序来设计教学。

在教学管理过程中符合现代管理理论的从整体来认识问题,发现问题并解决问题。指向核心素养目标的小学英语分级阅读教学设计,符合逆向设计教学模式对教学设计的要求。因此,依据逆向教学设计的模式,首先需要根据分级阅读文本、英语学科核心素养和课程标准确定教学目标,其次根据教学目标明确具体的可评估的表现行为,并制定相应的评价标准,最后再根据教学目标设计各项具体的教学活动。

2.教学管理目标制定的层次性

在确定预期目标任务的阶段中强调层次性,能够让教师在设定目标和预期结果时有所选择,选择那些能够促进学生知识和能力有效迁移和提升的最有价值、学生必须理解的教学内容。

在小学英语分级阅读的教学设计中,"大概念和核心任务"指英语学科核心素养的目标以及课程标准的具体要求,"需要掌握和完成的重要内容"指分级阅读的具体语篇教学内容和语篇背后的文化内涵,"需要熟悉的知识"指分级阅读中其他具体的词汇、语法内容等。

行为科学管理理论表现在教学管理的过程中要求教师要以人为本,根据学生的实际情况来选择相应的教学内容;从学生的实际出发来设置相应的问题等。

3.教学管理评估的过程性和真实性

现代管理论将教学管理看作是一个完整的管理系统,是一个完整的过程。第二阶段的评估具有过程性,不是传统教学评价的"快照"的感觉,而是将评估证据的使用通过教学活动贯穿教学的始终。评估证据可能来自学生的课堂活动参与表现、教师对学生的评价,也可能来自随堂检测、利用思维导图对分级阅读故事的复述、对分级阅读学习结果的反思等。这些更真实、更客观的信息能够有针对性地完善教学计划,评估教学效果。

4.教学管理学习体验的多元化

行为科学管理理论强调以人为本,在教学的全过程,让学生积极体验参与,并以各种教育管理的手段来激励学生的潜能。阶段三中使用了"WHERETO"来引导教学设计,让教学设计能够全方位围绕学生的学习而展开,更能让学生明确目标,便于教师调动和维持注意力,便于教师带领学生体验探索、自我评估、反思修正、完成个性化任务等。

(三)分级阅读逆向教学设计在实施过程中的教学管理价值

与统教学设计相比,逆向教学设计基于传统教学又高于传统教学。逆向教学理论倡导

"揭示教学",但并没有摒弃传统的教学方法。例如在教学设计过程中,教师在确保学生学习体验真实有效、学习兴趣保持的情况下,可以根据不同的教学内容选择多样化的教学方法。

1. 关注学生理解思考,有利于学生思维品质提升

维金斯和麦克泰格认为"动手实践"在传统导向的教学设计中得以培养和促进,但是在培养"思想"提升方面有欠缺,因为在学习过程中,传统的教学设计方法对于重要的思想和适当的学习征集缺乏明确的判断。传统的教学设计重视在"活动中"帮助学生获取某些知识,关注学生是否完成了活动即教学任务,而逆向教学设计更关注学生对知识的理解和思考,从学生的角度出发考量学生在思考中可能遇到的困难,以及为达成目标需要哪些知识,从而通过提供支架帮助和引导学生完成表现型目标。这种逆向设计教学能够帮助学生成为课堂的主人,能够让学生在教学过程中看到明确的目标,并能够在教学过程中让学生在提升学生思维品质的同时达成思考能力的迁移。

2. 关注全过程学习结果,有利于师生达成教学目标

传统教学的首要任务是如何出色地完成教学内容。备课前教师会做许多准备:深度解读教材,精心选择教学方法,设计各种活动以用来调动课堂气氛;对学习结果的检验,主要通过作业、单元检测或期中期末考试来进行;这样的做法就将学生的学习结果看成是教学过程的一段结束,或者是教学过程之外的一个测验。传统的教学因为没有足够关注学生的目标结果,教师在教学之前不完全清楚学生已有经验和目标之间的差距,无法提前预设如何帮助学生到达最近发展区。

在教学过程中,逆向教学设计关注学生将会知道什么,通过学习之后能够做到什么。而传统教学设计并没有具体的关注,因此,在传统设计的课堂上就会出现为了完成活动而教学,教师只是应付式的语言评价,师生都容易迷失在课堂上。

3. 关注目标确定落实,实现教学评不相脱离

从实验教师的教学中,从平时上课的教学中还是会发现"教学评"无法达成一致,教之后未必发生,学之后未必存在,评的又非所教。教学有效性低的原因之一也是因为无法使"教、学、评"取得一致性。在实验过程中我们看到实验教师所设计的教学目标只是教学案例的一部分,在整个教学过程中发挥的作用微乎其微。为了避免教学过程与教学目标不一致的状态,换一种角度从逆向教学设计理念出发,使得目标成为中心导向,评价与设计过程都为了目标而存在,从本质上解决了"教、学、评"的一致问题。

教学管理的核心是对教学系统、教学活动过程的管理,参照分级阅读逆向教学设计的流程,包括了教学目标的管理、教学评价的先行管理、根据教学目标而选用的教学资源的管理、教学过程的管理。

教学设计的首要任务是确定教学目标。教学目标是教学设计实施后所要达到的教学结果。教学目标影响和制约着"教学内容、教学手段、教学重难点"的确定,为课堂教学实施做好必要准备。逆向教学设计理念下教学目标的设计要在"理解"的基础上,以"大概念"为导

向,根据学生的需要来设计。

第二节 完善分级阅读教学的管理路径

以"人本管理""行为科学管理理论""现代管理论"作为理论指导,对分级阅读逆向教学设计教学管理的推广问题进行有对策的解答。

一、转变教师教学管理理念

教师专业发展的基础包括"教师精神""教师知识""教师能力"。学校变革,某些程度上会给教师带来工作量增多,琐碎事务变多的情况,如何让教师从被动的"被改革者"变为主动的"改革者"?

(一)专家名师的影响力是唤醒教师内在成长的内驱力

利用线上线下的资源条件,将专家请进来。利用集体备课或者集中教研的契机,让专家对教师进行培训。专家的影响力是唤醒教师自我成长,自我创新的内驱动力。增加教师外出培训的机会,拓宽教师视野。学科组要有意识增加骨干教师、普通教师外出培训的机会,让其接触到更优秀的同伴,看到更优秀的学校,增加其内心的向往,拓宽教师视野,在习得更好的教学经验的同时,能够增强自我发展的内在需求。

(二)让教师不断获得参研成长体验

学校变革背景下,全员参与势在必行。教师工作的成就感来自教研变革的成效,包括体现在学生身上的学习效果及其他参与变革者的评价与反馈等。学科组在组织全体学科成员参研时,能够经常地、阶段性地组织非考试性质的检验,或者给教师表达学习成果的展示舞台,让教师能够看得到自己的进步,能够体验到自己的成功,对教师的教研产生正向的激励,教师就能愿意继续发挥研究精神,不断取得成长进步。

(三)对教师教研中增加的工作量给予适当的报酬

学校变革在带给教师成长空间与机遇的同时,也会因为诸多的琐碎事务引发各种压力,反而会阻碍教师的发展。学校顶层设计时应该考虑到教师的辛苦付出,能够给予教师相应的适当报酬,让教师能够看得到付出会有实实在在的回报,这样也能够对教师的参研带来正向的激励。同时,学校也要适当减少不必要的任务布置,为教师成长创设宽松的环境,让教师有潜下心钻研的时间和精力。

二、改变学校教学管理的组织管理方式

(一)优化教学管理组织机制

1.落实学科教研组的组织管理机制

凸显英语学科组组织管理的地位,明确学科组组织管理的制度。这由学科组的作用而

决定。无论是教导处教学管理的需要,还是教科室教研管理的需要,学科组都是在这两个部门下面的对接组织。也就是说学科组既承担着教学管理的任务,也承担着教研创新的任务,同时也是与教师联系最紧密的组织,它承担着承上启下、上情下达、下请上报的特殊使命。因此,在学校变革的进程中学科组的作用就凸显出来了。

2. 必须落实相关的学习实践机制

从"教会一个人"到"人人都会"需要将教师教研、教师学习形成制度,由充足的时间和次数保障,有要求、有目的地推动教师进行教研。例如:利用现有的集体备课制度进行整个英语学科组理念的学习;创设一人一课制度,即45周岁以下的教师都需要采用分级阅读逆向教学设计。鼓励各备课组围绕创新,成立小课题组进行研究。

(二)优化学科教研组的组织结构

学科教研组的创新功能需要通过每一位教师的创新与能力提升实现,因此学科教研组应该优化组织结构,组成学科负责人、各年级备课组长、各年级教师骨干、普通教师为梯队的教研组织。选出有思想、有管理能力、有创新意识和行动力的教师成为学科组管理人员,选择思想积极向上,要求进步的教师作为备课组长,以点带面,由影响少数到影响多数来逐步实现变革创新。

(三)建立学科教研组组织文化

学科组文化的建立,需要学科组负责人多从教师的角度出发,以教师的发展为思考点,为教师搭建平台,展示教师的思想和能力。让每位教师都有归属感,能够凝心聚力一起为了教学改革创新贡献力量。例如:"人人为我,我为人人"的组织文化思想或"丛游丛生"的思想等。其中,"人人为我,我为人人",即以每一次课题研讨、每一次赛课活动、公开课活动为契机,组织备课组、学科组成员成为智囊团,帮助赛课教师一起打磨课堂。这种做法,将一个人的事情变成团队的事情,让一个人的荣誉变为团体的荣誉,在这个打磨课堂的过程中,大家齐心协力、共同进步、荣辱与共,逐渐形成学科组文化特色。

三、协调帮助各变革主体明确各自的教学管理内容

(一)学校各管理部门通力协调,保障所需资源

1. 及早计划、得到学校的专项经费支持

针对分级阅读教材得不到保证的问题,英语学科教研组应及早计划,得到学校的专项经费支持。在经费方面,学科教研组的负责人,应该早列计划,将本组的实际情况向校长汇报,得到校长的支持。费用不多的情况下,可以逐年购买,用几年的时间配齐教材。或者集团校内各英语学科负责人之间分别购买各年级的分级阅读,集团内可以互相交换使用,实现资源共享。

2. 开设延时班和社团保障教学时间

利用午自习和课后延时班时间学习分级阅读。在现有课时固定的实际情况下,若要进

行整班分级阅读学习,可以使用中午午餐后的午自习时间、延时班的时间进行分级阅读教学。同时还可以开设分级阅读社团,有计划地进行长期教学。

(二)对教师教学管理能力进行具体的策略指导

在分级阅读逆向教学设计的教学管理过程中,教师的教学管理能力包括英语分级阅读材料的选择能力,逆向教学设计中教学目标的设定能力,教学准备、教学实施策略的设置能力等。

1. 小学英语分级阅读材料选用策略

《英语课标》指出:学生要能根据图片的辅助听懂和读懂简单的小故事;根据教学实际需要,教师可对教材内容作适当的补充和删减。例如,教师可以介绍学生阅读一些与教学内容水平相当且文本主题相符的阅读篇目,在帮助学生进行文本阅读学习理解的基础上满足学生对文本阅读量的需求。对教师而言,教师是课程资源的开发者、利用者、实践者,教师要具备分级阅读资源的开发、使用、施教能力,对教师的专业成长提出了要求。也就是说,教师要能够解决教什么,怎么教,教得怎么样等一系列的问题。首先,来解决选用什么作为课外阅读课程资源的问题。

(1)小学英语分级阅读材料选用的内容

市面上非常成熟的且使用频繁的分级读物有很多。有些教程通过阅读培养孩子的拼读能力;分级阅读读物具有主题意义,难易度适合小学阶段英语学者使用,例如,近几年,随着广大专家学者研究本土分级阅读教学,讲好中国文化英语故事,弘扬中国文化二创编的《新国标英语分级阅读》《跟上兔子》英语分级阅读等。

(2)小学英语分级阅读教学材料选用的依据

首先,遵循学生发展规律,准确判断学生阅读级别。

分级阅读对儿童的认知能力、儿童的认知发展规律有相当深厚的研究,根据儿童分级理论,制定了相应的分级标准和框架,能够科学合理地指导公共图书馆的儿童服务,以及阅读推广项目和活动的开展。因此,将分级阅读引入小学英语课外阅读拓展课程是可以发挥其育人价值的。

其次,精选探究主题意义的语篇,促进学生语言学习。

《英语课标(2017版)》指出,在语言教育中,语篇是意义建构和语言学习的基本单位,具有积极主题意义的连贯语篇应是英语课堂教学学习素材的主体。对语篇的学习要以探究主题意义为导向,从"人与自我""人与社会""人与自然"三个方面分析、掌握语篇承载的丰富意义和内涵。

从培养学生的核心素养出发,语言学习应该聚焦在具有主题意义的情境中,基于学生的已有认知水平和经验,通过对语篇所承载的中外文化内涵知识的学习、讨论、评价和鉴赏活动,逐渐内化为对这些知识内涵的理解、应用实践,并在发现问题、解决问题中建构新知,获得发展。当课程教材内容中含有很好的语篇教材,但是受特定的语言范围限制,与之主题意义契合的分级阅读绘本就成了很好的教材补充。分级阅读作为好的英语课程资源丰富了学生的视野、体验感悟，有利于学生的综合素养发展。

再次，具备完善的阅读水平测评系统，保障评价的科学性。

分级阅读具有系统性、科学性、可操作性的特征。分级阅读体系可以让教师通过完整的能力发展表对学生的阅读水平进行评判。分级阅读能让学生自觉遵守阅读规则，自觉进入阅读状态。简而言之，分级阅读可以通过标准化操作，让学生的阅读水平定量定性到具体的指标，这样的指标能够指导学生、家长、教师方便地去进行阅读，同时也能够测量自己的阅读水平。

(3) 小学英语分级阅读材料的选用策略

不是所有的分级阅读读物在教学中直接拿来使用。选择的分级读物一定要具备正确的意识形态，发扬正能量，弘扬社会新风尚。选择的分级阅读读物要具备文化性，有利于培养具有中国优秀文化传统的国际化人才，选择的分级读物要具备与时俱进的时代性特征，饱含具有时代性的语言，有利于培养学生的语言意识，形成良好的世界观；选择的分级阅读读物要符合不同年龄儿童的身心特点，有利于儿童基于已有的生活认知，便于情感理解；选择的分级阅读读物要与英语学科课程内容主题意义相贴近，有利于儿童理解、接受、掌握语言知识，促进培养文化意识，提升思维品质、增强学习能力。分级阅读的选用策略如下表5-1。

表5-1 小学英语分级阅读选用策略

使用目的	选用分级阅读策略
课外亲子阅读	结合学生身心特点与读物特征来选择
课外自主阅读	
教师精读共读	
教材内容的补充拓展	按照课本教材的单元主题意义进行文本重构选择策略

首先，结合学生学情与读物特征来选择。这种策略适用于课外亲子阅读，便于父母给孩子选择自主阅读或教师推荐学生课外自主阅读。王蔷、陈则航根据皮亚杰的认知发展水平和语言发展水平，参照专家们的研究成果，认为可以直接对照学生的实际情况选择分级阅读材料。因此，按照学生的英语阅读水平和年龄心智发展水平进行有目的的小学英语分级阅读教材选择。在选择英语分级读物时，也要考虑到分级读物的一些特征：是否主题丰富、语言地道，以儿童语言和图画的形式来呈现，让孩子喜闻乐见；是否画面精美、色彩鲜艳，以童趣的画面、儿童的视角来呈现故事；是否形象生动、语言灵活，孩子们能否找到语言落脚点，语用功能强大；是否立意明确、有品有质，能够激发学生开动脑筋，促进思维发展；是否激发情感、积极向上，正面激发孩子们对生活的热爱，让孩子们通过学习学会感恩、互帮互助。

例如低年级的学生可以选用语音教程的分级读物，来加强语音的训练。低年级的分级读物大多图文并茂、生动形象，有着有趣的情境，简单的语言，学生能够在有趣的情境中掌握故事，习得语言，并使用语言。David生活系列的主题内容绘本符合一、二年级学生的生活特点，让学生在与自己息息相关的故事情境中习得语言、生活经验和生活中的道理。同一个句型在不同场景的操练,让学生学习语言的同时,能够有熟悉的场景情境。

中年级学生乐于参与课堂互动活动,对英语充满兴趣。这个年龄段的学生已经具备了一定的听、说能力,且能听懂老师的一些简单指令,还能初步用英语表达简单看法,因此,可以为其选择充满童真童趣的故事或具有寓意的寓言故事。例如:The very hungry Caterpillar,主要讲述毛毛虫不断地寻找食物,吃了许多水果之后,逐渐成长、结茧、成蝶的过程,告诉孩子们生命的神奇、要敬畏生命。还有何其莘、杨孝明编著的新国标英语阅读中的《中国寓言故事》,用英语讲述中国文化。

高年级学生思维能力活跃,具备了一定的学习能力,储备了较强的英语基础,因此教师可以选择一些包涵深度思维、丰富寓意的故事让学生阅读,引导学生在阅读学习中学会分析、探究、反思、质疑和评价。例如:The giving tree,通过阅读教学可以学习生词、预测故事发展、带着问题阅读等,感悟索取与付出的意义。

其次,按照课本教材的单元主题意义进行文本重构选择策略。这种策略适用于作为课本教材教学的拓展和延伸,根据整体单元的主题意义选择契合的分级阅读读物进行文本重构,与课本教材进行主题融合。

"文本重构"是由上海市教研员朱浦老师提出的,意指基于原有教材的内容和重难点进行教学内容的重组或重构,使其形成一个具备完整性、情境性、真实性的可观、可读、可感的独立教学语段。其中 T(Topic),意思是与教材主题相关的话题;C(Contents),指与教材内容难度相当的阅读文本;L(Level),指与学生能力相符合的语言水平;L(Length),指适合学生认知水平的文本长度;U(Unit),指符合整体的单元教学。

以每个单元具有主题意义的苏教版译林英语教材为例。参考《英语课标(2017 版)》中对语境的分类,纵观苏教译林英语整体单元的主题意义归纳在三大情境中,涵盖"个人情况、家庭与朋友、身体与健康、学校与日常生活、饮食习惯"五大范围;人与社会包括"文体活动、职业、职业理想、交通、节假日、服装、颜色";人与自然涵盖"季节与天气、动物朋友、环境污染"三大范围。基于 TCLLU 原则,结合单元整体教学的主题意义进行有目的的小学英语分级阅读材料选择。

2. 小学英语分级阅读逆向教学设计教学目标的确立对策

(1)教师"理解"影响教学目标的三要素

首先,英语学科核心素养、国家课程标准。逆向教学设计理念下小学英语分级阅读教学目标的确立,要求教师在理解英语学科核心素养的具体内涵基础上进行,且能够理解国家课程标准的要求。因此,教师要能理解英语学科核心素养的语言能力、思维品质、文化意识、学习意识四个维度和其内涵,从宏观上把握学生某个方面核心素养的达成度,通常以"学生能够……"来进行表述。

此外,国家颁布的课程标准也制约着教学设计的设置,小学阶段目前仍然使用 2011 版的义务教育英语学科课程标准,它从宏观的角度把握国家对教学目标的要求,这能够帮助教师在听说读写演画方面去考虑分级阅读教学设计。

其次,分级阅读教材文本的解读。逆向教学设计理念下分级阅读教学目标的设计,要求教师能够理解文本内容和文本内涵。教师文本解读的深度就是学生学习的深度。教师要从语篇的主题、内容、文体解构、语言特点、作者观点等方面对文本进行解读。这里可以推介使用思维导图来解构文本。围绕文本,教师可以从一级架构中选择What,Why,How进行研读,再分别按照"分级阅读主题、内容""主人公意图、情感态度和价值观""文体主题、语言结构"等作为二级架构进行分解,从而厘清文章的词、句、章及其故事的情节脉络。在对What进行研读时,教师要能注意到带领学生对分级阅读文本主题和内容进行梳理和整合,建立起结构化知识以及知识与语言之间的关联。对Why进行研读,指要能够带领学生分析探讨文字背后的深层次的文化含义。教师通过关注引导学生进行文本特征的解读,语义的逻辑连续和信息组织方式的分析来进行。对How进行解读,教师要能带领学生基于主题,来探究分级阅读文本背后传递的价值及其表达的观点。对教师也能更深刻地把握分级阅读的背景知识、文体分类、故事内容和文化意图,进一步引导学生树立创新意识和正确的价值观。

再次,学生的学情。逆向教学设计理念下小学英语分级阅读的教学目标的设计还需要教师理解学生。小学阶段的学生已经和现实社会有一定的接触,父母对其的教育已经对学生的性格、学习习惯有了一定的影响,学生自己也形成了一些对社会现象的评价和认知。因此,确立教学目标时要考虑学生的学情。学情分析时要以学生为主体,这是确定教学目标的前提和基础。学生情况包括现有的知识水平、知识背景、心理认知等方面。不同年级的学生呈现的知识水平、知识背景、心理认知的情况不同,要结合教学时教学对象的实际情况来进行教学目标的确立。

教师在进行教学设计时要转变原先从自己的角度确定教学目标,设计教学活动,解读文本等,避免按照框架来让学生按部就班地配合教师教学,导致教师讲得多,学生学得少的现象。因此,教师应从学生的已有背景知识、文化知识出发,设计教学目标,教学活动方面也要尽量考虑如何让学生能够动起来。教师只是引领者、启发者和旁观者的角色,通过激活认知图式、启动学习活动、促进学习活动不断地让学生参与课堂,运用语言能力,让思维品质由低阶思维向高阶思维迸发,把握文本背后的文化意图,促进学习能力的提升。教师同时要将评价贯穿在教学的始终,促进学生学习的兴趣,同时也能调整、促进自己的教学。

(2)教师明确遵循教学目标确立的实践规则

分级阅读逆向教学设计及教学目标的确立要遵循逆向性、整体性、层次性、可测性的实践规则。

教学目标的逆向性强调从输出端考虑问题。"您对目的地有清晰的了解,意味着您从一开始就在考虑目标和结果,您知道要去的地方,在确保方向正确的基础上,您可以更好地了解自己现在的位置和去向。"意思正如施璐嘉老师所说:"从一开始预设教学目标时就要考虑:这节课的教学目标指向哪些领域、哪个层次?预设教学目标时应该着重关注学生学习的行为和结果,行为的主体是学生而不是教师。"在教学的整个环节,"学"是教学活动的首位,"教"是为"学"服务的;学生才是教学活动、学习活动的主体;教师的评价要贯穿在教学的始终,并要以促进学习为目的。以学科核心素养为指向的英语学习活动,"学"是核心,教和评都是用来促进学生学习的,整个教学活动过程要聚焦在学生的学习活动上。教学目标的陈述从学生的角度出发,即"学生能够"体现出教学过程由关注教师主体向关注学生主体的转变;真正实施"以学生发展为本"的理念。

从小学英语分级阅读教学设计模式可以看出,在教学设计系统中,教学目标是教学设计的灵魂,既引领其他设计流程,自身内容又兼具整体。

首先,全局统领,引导其他流程。教学目标对课堂教学具有全局统领、导向的作用。教学目标对教学设计中教学内容的选择、教学策略的运用等都起着制约和引导的作用。

其次,内容全面,涵盖核心素养。教学目标的内容具有整体性,能够涵盖核心素养的四个维度。教学目标使得教学过程有了方向性、目的性,对课堂中偶尔出现偏离目标的现象也能及时进行调控,从而提高教学效果。

层次性包括学生学习能力的层次性和学生语言能力的层次性。层次性原则首先体现的是因材施教教学原则的要求。国家课程标准制定的是绝大多数学生应达到的标准,是对某学段学生共同的、统一的基本要求。事实上,因经验或经历的不同,知识结构、理解能力的不同而导致不同班级的学生或同一班级的不同学生之间存在差异。此外分级阅读教学材料本身就存在着知识难度的分级,因此,教学目标的设计要考虑到教学材料和学生个体的学习能力差异。

在设计教学目标时要能够体现语言能力的层次性。比如:在描述时注意区分使用"了解……""认识……""会读……""会背……""会复述……"等。在设计教学目标时,不同的词语描述所反映出的思维层次目标不同,在描述时注意"阐释""尝试""初步评价""初步理解""理解""掌握""熟练掌握""评价"等描述性词语的表达差异。

教学目标必须具有可测性,它反映的是学生在通过课堂学习之后应该能够达到基本标准要求的相关知识和相关素养能力,不然,就不能充分发挥教学目标的相关评价功能。所以,陈述教学目标时必须具体、规范、精确。

3.分级阅读《父子扛驴》教学目标的确定过程示例

以实验教学中使用的《新国标英语》分级阅读第四辑《父子扛驴》教学目标的确定过程为例。

首先,对学科核心素养进行分析。

学习并罗列四个维度及其分支在内的英语学科核心素养的内涵。语言能力主要分为语言理解能力和语言表达能力两个方面。文化意识指对中外文化的理解和对优秀文化的认同,其表现的关键点有:获取、理解、比较、形成价值观、养成良好品格等。思维品质指在逻辑、批判、创新能力等方面反映出的学生的思维。学习能力指学生学习水平的意识和能力,还包括学生主动运用学习方法和策略进行学习迁移的能力。

其次,深入解读小学英语分级阅读文本。

基于对What的研读,本分级阅读绘本的故事为:父子俩虽拥有磨坊,但是因为干旱,无人前来,生活变得窘迫,只好去集市卖驴。在路上先后遇到两位妇女、一位老奶奶、一位强壮的男人、一位老农,他们分别就父子俩骑驴的方式给出了建议,而父子俩因为一变再变的骑驴方式,最终在过桥时,因为驴的挣扎,驴掉进河里淹死了,导致父子俩追悔莫及的故事。

基于对How的理解,要能够抓住故事中的两个明显的矛盾点:一是,驴对开磨坊的父子来说如此重要,为什么要卖驴?二是,卖驴的结果却是害死了驴,原因是听了四个路人的劝告。

基于对Why的理解,同时能够挖掘本绘本中隐藏的矛盾暗线:看上去四位路人的建议都是从好的出发点出发,可为什么结局却不尽如人意?

再次,分析学生情况。

学情分析如下:四年级的学生属于中年级段,这个阶段的学生有了一定的抽象思维能力,学生思维活跃,好表现自己,积极参与课堂,也极易受挫。大多数学生已经熟知中文故事,有一定的故事知识背景,教师在教学中要保护好学生的积极性和求知欲。但是整个故事文本篇幅长,信息量大,在引导学生理解时最好搭建支架,辅助学生达到最近发展区。

最后,将三要素按规则进行关联、整合,从而制定出小学英语分级阅读文本的教学目标。

4. 小学英语分级阅读逆向教学设计中的教学评价策略

这里的教学评价指教师运用分级阅读逆向教学设计在课堂中的教学评价。与整个教学管理体系中的评价不同。在逆向教学设计中,教学目标的评价要先于教学设计出现。指向教学目标的教学评价是落实学生学习成果的关键。教师的评价应面向全体学生,以学生为主体,用自己的智慧和幽默通过评价激励学生不断形成积极向上的学习动力。评价应贯穿教学的全过程,为检测教学目标服务。正确处理学生"学"与教师"教"的关系,"评"必须是教师促进学生"学"的手段,而不是"学"和"教"的目的。根据逆向设计理论,课堂评价的目标是学生的能力。评价要贯穿学生学习过程的始终,因此将教学评价的目标分为课堂评价和课后评价两类。

(1)以教学结果为导向的课堂评价目标

课堂教学目标的评价可以通过一些"表现性任务"来体现,将表现任务答案化、标准化,通过学生答案的选择情况,回答是否达标,达到标准的程度评判学生课堂目标的达成度。

课堂教学评价的目标根据教学环节的不同而发生变化,通过对小学英语分级阅读教学目标内容的达成度,以及学生回答情况和上课表现,评判学生的学习目标是否达成,教师教学效率情况。教学准备阶段,教学评价的目标是通过"评估证据"——预习任务单而对学生的已有学情进行综合了解,同时可以评判学生的预习自学能力。教学过程中评价的目标应该以学生的"表现性任务"进行确立,什么样的表现性任务能够证明学生实现了预期的目标,这就要求教师要有提前的预设,表现在教学设计中"设计意图"的确立。例如在教学过程中需要进行回答、判断、选择、连线、配对等,回答的情况、判断选择配对的结果就是评估的证据。有些评估的证据是显性的,如上面提到的判断、选择、连线、配对、画出关键词等,有些是通过语言表达的,如复述课文、归纳总结等。

(2)以检测为主的课后评价目标

课后评价的目标以学生学到的知识、综合能力的运用情况为主,主要针对学生某一个阶段的分级阅读学习后,其综合能力的发展情况进行评测。这个测评的阶段可以是一堂课,一本书的阅读学习情况,也可以是几本书的阅读学习情况。

对于一堂课的分级阅读教材学习情况,可以布置学生根据思维导图用语言概括故事,根据故事留白续写故事或者发挥思维重编故事;对于整本书的阅读学习情况,可以使用阅读理解或者阅读能力检测来阶段性地测试学生的阅读素养。不管以何种形式进行检测,都需要教师提前准备与检测目标相一致的任务或试题,并制定检测标准,用标准来衡量学生对语言知识的掌握情况,对综合能力的运用情况。

这个作业内容针对《父子扛驴》整本书的学习情况而设,学生利用自己制作思维导图的方式来复现已学知识,利用想象创编故事结尾,体现思维品质中的创编能力,以及写作表达的语言能力,目的是既检查了学生的语言知识学习情况,又能让学生将思维和创新延伸到课后,综合体现了学生的学习整合能力。

5.小学英语分级阅读教学实施策略

逆向教学设计理论应用于教学实施过程,建议要参照 WHERETO 指标,按照指标元素,将目标进行任务化,并在具体的教学活动体现出来。尤其要注意哪些学习体验和教学活动能够带领学生达到预期的结果;在实际教学过程中,教师要能够明确学生认知结构发生变化的点,找到学生的最近发展区,使用一定的教学策略,通过师生之间的互动,引导学生自主探索、解决问题,达到教学目标。

(1)稳妥的课前教学准备,铺垫高效教学设计实施

小学英语分级阅读教学前准备对于小学英语分级阅读教学设计来说非常重要,一方面能够帮助学生巩固已有的知识,唤醒已有的知识经验,为学习新的知识提供帮助,能够便于教师在课堂上统一解决问题,提高教学效率。另一方面,小学英语分级阅读教学前准备能为学生的预习进行引导,让学生明了分级阅读课堂的主要方向,也有利于学生自己发现问题,提高学习质量。基于此,可以从小学英语分级阅读课前预习准备和小学英语分级阅读课堂评价标准准备。

首先,量化课前预习内容,掌握学生预习情况反馈。

分级阅读绘本是整本书阅读的形式,如果仅评上课时老师的讲解,很难对分级阅读绘本的内容真正掌握和了解。因此学生课前提前对分级阅读教学绘本进行阅读或者朗读是非常必要的。学生只有自己通过阅读走进分级阅读绘本内容,才能产生提及的体会和感悟,但是

一般布置的阅读作业,不一定能得到落实。根据逆向教学设计理论,教师需要量化预习阅读作业。

与小学英语分级阅读教学相关的课前预习包括课前阅读、听文本录音、分级阅读内容预习、作者、人物等,信息、阅读困惑等需要以直观的形式呈现给学生,我们可以在具体教学分级阅读文本前通过制作预习任务单的方式量化学生的预习情况。预习任务可以包含提问、小测验、查阅工具等。

其次,做好课前心理准备,促进学生学习动机生成。

心理准备包括学生的主要动机水平、影响学生学习动机的因素等。学生的动机水平极大地影响着其学习的效率。学习动机强烈,学习效果好;学习动机弱,学习参与度低,学习效果不理想。因此,教学设计时要充分考虑如何提高学生的学习兴趣和学习动机。在小学阶段,影响学生学习动机的因素较多,例如:班级环境、课堂氛围、学习成绩、教师或家长的期待等。据此,可以在教学设计时应用新颖有趣的活动,要给孩子充分的、自由的活动空间,主动创设贴近生活实际的情境来激发学生的学习动机,让学生由内而外地生成学习兴趣。教师要对学生的行为及时作出反馈,促进学生学习动机生成。

例如课前多使用多模态的视频、录像等,让孩子沉浸在新奇的创设环境中,使学生产生强烈的学习兴趣,唤醒并打开学生的思维,唤醒旧知,为学习新知识做好准备。

再次,做好课前辅助保障,确保课堂教学顺利开展。

一节课的顺利开展,需要很多的材料和道具,做好课前的各项准备工作,能够确保课堂教学顺利开展。例如:课件和教具的准备,教具指板书必要的图画等;课堂教学需要的资料准备,指教师为分级阅读教学设计的必要的随堂练习作业、小组合作资料,以及课后的评价表等。

(2)聚焦以学定教,实施核心素养培养途径

第一,合理选用符合学生身心特点的教学导入策略。

首先,阅读前,教师要完成热身与导入文本的任务。阅读前的教学目的是做好学生的学习心理准备,激活学生已有生活知识经验,激发学生的学习兴趣,引出课题。

可以使用的教学策略有:视听呈现、整体图片呈现、TPR 呈现、听音猜测、关键词呈现等。这些策略都能够集中发展学生的视听觉感官捕捉信息的能力,能够发展学生空间、情境的建构能力。

其次,活动策略的选择要符合学生的认知特点。

在阅读前的导入环节,活动的选择、策略的使用要符合学生的特点。在低年级可以使用歌曲和儿歌,在中高年级则更多的是选择多模态的视听策略。低年级的学生喜欢表现和歌唱,用直接感官参与的方式更符合低年级儿童的特征。在中高年级采用多模态的视听呈现,还可以锻炼学生的思维能力和记忆能力。

第二,关注封面,对文本进行预测。

绘本的封面解读：可以用联想、抢答、预测、提问等教学策略，激发思维，来尝试获取背后的隐藏信息。

封面往往隐藏着很多重要的信息，对绘本封面的学习，即在老师的引导下进行语言的对话，通过观察获得封面中的图文信息；老师给出关键词：Who, When, Where, What, Why…等，让学生对故事的即将发生进行询问，在调动学生已有语言认知的同时，对学生思维拓展的训练、学习能力的培养都起到积极的作用。

教师让学生通过观察绘本封面和学生自主提问，充分激发学生的好奇心和阅读期待。通过对绘本封面信息的描述，锻炼学生看图表达的语言能力。通过对故事的预测和推测，锻炼学生思维能力，学生用语言表达时，要经过加工、语言输出，这同时又可锻炼学生的综合语言表达能力。这个环节的设计能够让学生更加投入关注绘本内容的学习，产生学习期待。

第三，了解作者信息，感知文本情感态度。

作者信息的获取，可以利用内容图式、形式图式来激发学生对作者以及其作品的了解，整体感受作者对作品所表达的情感和态度。

文章的背景知识和语篇的主题内容构成文章的内容图式，不同类型语篇修辞结构的背景知识构成文章的形式图式。这些能力的获得可以通过语言能力的锻炼、思维品质的增强以及文化意识的获取而获得。由此，学生可以获得进入具体语篇前的学习方式和学习能力。

（3）指向核心素养的深化教学活动策略

第一，抓住主线，活动贯穿教学始终。故事主线是整个分级阅读语篇的灵魂，能够让整个故事教学形散而神不散，在深入阅读文本时就要抓住故事的主线。不同题材的故事的主线略有不同，主要有以下几点：故事发展、人物情感、时间、空间顺序等。

主线能够帮助选择合理的教学活动。在阅读过程中，主线能够帮助选择合理的教学活动。

例如：《新国标英语分级阅读》第 4 辑 The Father and Son Carrying a Donkey on Their Backs 文本教学中，以卖驴的原因和卖驴路上发生的故事为主线。根据卖驴的原因就可以选择用"图片环游"的活动来推导卖驴的原因；在卖驴路上发生的故事则可以选择小组合作对父子骑驴方式进行趣味配对，选择合作表演的方式对每个场景进行表演等。

教师要抓住主线，用活动来贯穿教学的始终，教师可以通过师生互动口语交际、个体活动、结对活动、分组练习、全班活动等组织方式来合理实施教学策略，以达到提升学生核心素养的目的。

主线能够帮助选择板书的恰当形式。一般来说，故事类文章可以根据文本大意找出故事发展的主线，一般可以用思维导图来进行板书；人物情感类，则根据人物动态的情感的变化流程图形式来确定板书。时间空间类主线，则可以按照板块形式安排板书。

第二，搭建支架，促进学生能力提升。

图片、关键词、选择题、思维导图、Tips 的策略使用都是很好的支架选择。

阅读中要教师要创设宽松"有氧"的环境,让学生能够专注地投入课堂学习,教师要积极地搭内容支架,促说之有物;搭语言支架,促说之精准;搭结构支架,促说之流畅。教师要引领学生通过阅读和师生交流来关注文本内容,要通过活动和在活动的交互中关注学习策略,通过引领学生进行思考和判断,在判断中提升思维水平。

在遇到难题时,可以使用给出选择的支架策略,避免冷场的状态。同时又能让学生在知识点之间建立联系,起到桥梁的作用,使知识能够合理过渡。在阅读后环节,以思维导图板书作为支架,促进学生语言输出,提升学生的综合语言表达能力。

设置开放性话题,搭建语言支架,让学生猜测表达。用搭建支架的方式让学生能够多说多表达想法,提升语言能力,用语言表达思维。

第三,体验情境,促进学生语言能力提升。

可以使用情境中联系上下文猜测、观察图片并猜测的方式。在词汇的读音学习部分,可以使用 phonics 的自然拼读法让学生学习词汇。

在解决基础新知的过程中,让学生逐步形成面对新知识的学习能力,避免产生依赖老师和工具书的情况。

联系上下文语境进行词义、短语的理解。在真实的语境中亲身体验并感受的同时也给学生创造了多想多说的机会,培养学生的语言表达能力。

第四,语篇理解,促思维由低阶走向高阶。

一是略读、速读、扫读,帮助整体感知语篇。可以使用略读、速读扫读策略,找到文本中的角色,同时提高学生建构新知识整体认知的能力。

二是善提问会追问,分析语篇内容。通过提问、追问的方式带领学生分析文本,在互动的过程中让学生使用语言、运用语言,同时推动故事和教学流程向前发展。

在这个过程中,不仅仅要让学生能够回答语篇中的原话,还要通过老师的追问"Why do you think…? How do you think…?"等来让学生说出自己的感悟。在训练学生的思维和语言技能的同时,培养学生多问几个"为什么?"的学习能力。通过追问来分析语篇细节,通过追问来引导教学环节的过渡。

三是学会运用信息差,自然过渡教学环节。教师要善于运用信息差,通过提问训练学生的思维能力。信息差指人们在掌握信息方面所存在的差距。寻找文本信息之间的信息差,根据教师引导绘本前后信息的矛盾点,激发学生的思维和主动学习意识;寻找文本信息所表达的观点与学生已有文化图式之间的信息差,在教师的引导下实现文本与作者之间的对话。以《新国标英语》第四辑《父子抗驴》(The Father and Son Carrying A donkey on Their Backs)中的教学片段为例:

T:They are on the way to the town. Why does their donkey drown?

通过分写信息差和矛盾点,引发学生思考,确保学生的思维由低阶思维向高阶思维过渡。而学生的学习能力在一次次地思考问题、解决问题中得以提升,此外"Tips"的使用也能够为学生的学习力提供帮助。

第五,文化内涵,引思维由感性走向理性。

引导学生通过分析人物语言、行为动机,透过现象看本质,并通过评价、推断得出理性结论。以《父子扛驴》The Father and Son Carrying A donkey on Their Backs 中的教学片段为例:

第一层提问是文本内容提问。两位妇女为什么提出让孩子骑上驴的建议,老奶奶出于什么原因让孩子下来,让父亲骑上驴呢?强壮的男人为什么让两人都骑上驴?农民又为什么让父子俩抬驴呢?

通过分析得出:两位妇女因为是母亲的角色,所以她俩从爱护幼小的角度给出让孩子骑驴的建议,老奶奶从尊重长辈的角度提出让父亲骑驴,强壮的男人认为驴子和他一样强壮,所以让父子俩骑上驴子,而农民因为疼惜驴子,让父子俩扛驴。

第三层提问,通过评价推断出理性结论。他们的建议都合情合理,可是为什么结局却很悲惨呢?进一步加深学生思考的深度,在分析本质的基础上得出理性的结论。学生有的回答:Because they change again and again. Because they have no ideas. 这些回答都无限接近标准答案:They have no own ideas.(父子俩没有自己的主见。)

通过不同层次的思考,分析分级阅读绘本中人物的行为动机和思想,逐步过渡到对整本书所表达的思想内涵或道理。这种透过现象看本质,开动脑筋的过程,能够激励学生发挥主动思维,提高学习能力,表达作者的思想和文本内涵。并以此联系生活实际,让知识走向生活,结合自己生活中的现象来阐述自己的观点。要让文化从生活中来,回到生活中去,让学生能够将学到的正确的道理用来指导自己的行为和生活。

(4)依托进阶思维的高质量输出策略

阅读后的巩固环节,教师可以采用朗读、音乐背景朗读、分角色朗读、动画配音的方式让学生积极参与到文章的内容复习环节。

第一,思维导图伴复述,促高阶思维下的语言输出。采用思维导图支架的策略。这个环节中的语言技能是在整合所有知识点的基础上,学生要重新构建知识网络和语言,再加入自己的思考,重新进行语言输出。这是高阶思维的语言输出,这个思考、输出的过程也是学生自己学习能力的体现。

思维导图板书支持下复述课文。在思维导图支架的帮助下,让学生能够将所学用语言表达出来,同时,可以加上学生的思维和创意,进行个性的语言输出。

第二,合作表演为输出,促学生综合能力提升。学生可以采取小组合作的形式进行语言合作交流。通过思维的碰撞,加入创意,最后呈现结果。从而体现学生的学习能力、组织能力和思维能力。

第三,多样写作助拓展,促学生新知内化思维创新。拓展环节可以使用给出语言支架重新创编、改编、画故事思维导图。让学生在学习新知的基础上,能够理解、内化,并在此基础上有所创新,通过写作的方式进行语言输出,同时训练学生的思维和学习能力。

教师给出语言支架改编、创编新故事。在教师问题的引导下,学生能够进行学习的迁移和创新。学生在巩固课堂知识的同时,又能够进行迁移学习,能够自主学习,自主建构新知,这是学生学习创新的过程。

(5)主动巩固反思,师生能力共同提升

课后巩固的任务一方面包括了学生的自我学习反思以及学生学习效果的检测和巩固,另一方面包括教师对实施教学设计及实施情况的反思。从这两个方面来给出策略。

第一,学生主动巩固反思,提升核心素养。

首先,反思学习参与全程,自我督促,自我鼓励。学生在教师的引领下能够自我反思参与教学的全过程,包括对课前分级阅读任务预习的完成情况、课堂中学习态度的情况、对自己学习成果的全面反思。例如:预习阶段是否完成预习任务,预习任务时的态度,预习时是否存在问题,问题能否自我想办法解决等;在课堂中态度的反思包括自己在课堂活动中是否积极参与、自己回答问题的质量、积极表达的次数、自己集中听讲的情况等。

其次,完成相应试题,检验学习成果。相应的客观试题是检测学生学习成果是否有效、最直接的手段和方式。教师可以针对本次教学内容,依照教学目标的内容,给出相应的试题,学生完成试题既巩固了所学的知识,也能对自己的学习效率进行一个检测。

第二,教师主动反思,提升专业技能。

不同于以往教学中评价与教学过程、教学目标相脱离的状况,逆向教学设计的目标导向性能够让教师在教学过程中发现问题,并就学生的学习状况进行及时的评估。教师通过及时反思,能够清晰地明了教学设计中存在的问题,并进行修改;教师通过螺旋式上升的循环修改验证过程,提升了自己的学科专业素养和各方面的专业能力。

第六章 小学英语课堂词汇教学

第一节 基于主题语境小学英语词汇教学概述

一、基于主题语境小学英语词汇教学的理论基础

结合对主题语境内涵的梳理,可以发现基于主题语境教学的理论基础主要来源于两方面:语境理论和主题式教学。这两个理论影响着人们对基于主题语境英语教学的思考与实践。虽然本节探讨的重点是基于主题语境的小学英语词汇教学,相关的分析同样适用于其他学段、其他内容的英语教学。

(一)语境理论

语境理论是基于主题语境英语教学最重要的理论基础。事实上,文献搜索发现,语境与主题语境混用的现象并不少见。本研究强调,主题语境绝不等同于语境,主题语境是"与主题意义密切相关的语境",但不可否认的是,语境理论是基于主题语境英语教学最重要的理论基础。

一般认为,语境概念由人类语言学家马林诺夫斯基率先提出。他在1923年首次提出"语境"这一概念,并充分肯定了语境对于语言理解的积极作用,指出语言使用者对文化背景的认知在翻译的过程中具有重要作用,了解语言使用者的文化背景,将会使翻译过程更加得心应手,反之翻译则会词不达意,导致阅读者理解困难。马林诺夫斯基先后提出了"情景语境"和"文化语境"这两类概念,强调要重视与语言交际活动直接有关的客观环境,也要关注语言活动所存在的整个文化背景。作为一名人类学家,马林诺夫斯基主要从非语言因素的角度对语境进行讨论,并未特别强调语言语境对于话语表达与翻译的影响。

其后,语言学家弗斯进一步丰富和扩展了语境的内涵。在继承马林诺夫斯基观点的基础上,他指出语境是"语义分析平面上一套彼此相关的、抽象的概念类别",并进一步区分了"语言语境"和"非语言性语境"。第一种语境来自语言内部,由单词、短语、句子、段落等之间的关系构成,如上下文。第二种语境是来自语言外的情景语境,由语言和社会的关系产生。随后,弗斯又对情景语境进行了进一步拓展,将其划分为内部及外部两种关系。内部关系指参与者的语言和非言语行为及其效果。外部关系涉及参与者经济、文化、社会结构等多方面特征。

从弗斯开始,语境这一术语被广泛使用于语用学中,并影响了人们关于语言教学本质和方法的思考。系统功能学派的代表人物韩礼德(Halliday)在弗斯(Firth)的基础上进一步发展了语境理论,提出"语域"(register)这一概念。他把语域划分为:话语的范围、话语的方式以及谈话人的关系三个方面。话语的范围包括政治、科技、日常生活等不同领域;话语的方式指口头、书面等言语活动的媒介;话语的风格包括交际者的地位、身份和相互关系。每一个组成部分的改变都能引起新语域的产生。

国内对于语境的研究也始于20世纪初期。陈望道先生于1932年出版《修辞学发凡》,在其中提出"六何"(何故、何事、何人、何地、何时和何如)框架,这个框架基本概括了情景的内容,可谓是我国语境理论的先驱。王德春从主观和客观两方面因素来区分语境,客观因素主要指语言环境、时间、地点等,主观因素则主要指说者和听者的思想、性格特征等。这两种因素交互作用,影响了交际效果。这种观点与弗斯等人的主张一脉相承,主要强调语言外的情景。学者何兆熊对语境这一概念进行了拓展和延伸,认为语境不仅包括语言外知识,还把语言知识纳入语境的范畴,并将语言知识细分为"使用的语言知识"和"对语言语境的理解"。他创造性地将关于语言本身的知识(如词汇、语法知识)纳入语境的范畴,打破了传统语境分类理论紧紧将语境视为上下文的桎梏。在综合这些研究的基础上,本研究将语境界定为一个综合体,由上下文语境(context)和情景语境(situation)构成,但同时受制于关于语言本身的知识及更为宏大的社会文化背景。这些因素交互作用,影响着语言的理解与运用。

尽管关于语境内涵和外延的认识存在较多差异,但语境在语言理解和运用中的重要作用受到一致认可。从英语课程标准到期刊文献,再到老师们的教学实践,语境渗透在英语教学中,塑造着老师们关于英语教学的思考和实践。语境原则是当前小学英语教学中一个特别突出的理念。《义务教育英语课程标准(2022年版)》指出,"教材应将语言知识的教学融入语言实践活动之中,要注意在语境中呈现和讲解语言知识,给学生提供丰富的语言素材和实例,引导学生理解语言表达的意义。"不管在语言学习的哪个阶段,最重要的原则和最好的方法就是提供有意义的语境,让学生在语境中体会目标语汇的具体含义。在词汇教学中更是如此,一个单词往往有不同层次的语义场,在不同语境中表现出不同涵义。只有结合语境,利用毗邻的字词、短语、句子或段落进行阐释,才能帮助学生更准确理解目标字词或短语的意义。《浙江省小学英语学科教学基本要求》也提到,在进行词汇教学时,要让学生在语境和语篇中感受词汇的语用功能,设计综合性词汇语用活动,使学生能够在交际活动中使用英语。

在运用语境进行教学时,很多学者有一些共通的观点。首先,语境的创设应真实。所谓真实,即是为了使学生能够理解和掌握目标语言的意义和用法,在语言学习的过程中要尽量使用贴近学生生活实际的语言。教师在创设语境时,应创设贴近生活实际的各种语境,并通过多样的渠道帮助学生摄取和利用真实语言材料。在交际过程中,还应鼓励学生多使用真实语言进行真实表达。除此之外,语境的创设还应完整和连贯,既要做到首尾呼应,又应关注语境内以及语境间的内在联系。

(二)主题式教学

主题语境是"与主题意义密切相关的语境",它享有语境的一般特点,但特别强调围绕主题意义创设语境、基于语境进行主题意义探究。在关于主题意义的探讨中,英语教学专家程晓堂认为基于主题意义探究的课堂教学受主题式教学的影响,强调以主题为中轴,围绕教学主题展开教学活动。因此,主题式教学也是基于主题语境英语教学的理论基础之一。

对国内外文献进行梳理发现,不同术语经常被用来表达与主题教学相似的理念,例如,方案教学、项目化学习(又名项目式学习、基于项目的学习)、基于问题的学习等。有学者在语言教学中采用了方案教学,通过让学生完成基于同一主题语料设计的"方案作业"进行目的语(target language)学习和运用,从而提高运用目的语的能力。有学者采用"单元教学"的概念来指代围绕某一具有社会意义的课题而开展的学习体验,其中的单元是以儿童个体的社会需求为基点,并被看成是一个整体的形式贯穿于各个科目之中。基于问题的学习则强调通过问题激发学生学习,把学生放置在复杂的、有意义的问题情境中,通过解决问题进行学习。项目化学习是近年研究的热点内容,主张学习者围绕具体的学习项目在实践探索、操作、体验中获得具体而完整的知识,并形成专门的技能,促进能力的综合发展。

这些教学方法名称不同,理念也各有差别。以杜威为代表的实用主义教育家们提出要建立以学生为中心、经验为中心、活动为中心的课程,要让学生在"做中学"。这样的理念与赫尔巴特"教师中心、书本中心、知识中心"形成了分野,与我国当前基础教育课程改革的主张一致,例如,综合性和实践性。

与这些教学方法一脉相承的主题式教学可以追溯至20世纪五十年代。当时一些学者提出,可以在建构主题学习理论和多元智能理论的指导下,通过跨学科的主题探究活动发挥学生的主体建构性和主观能动性,从而促进学生能力的全面发展。到目前为止,关于主题教学,国内外学者围绕不同纬度,提出了很多定义。有学者指出,主题教学的要旨就是为教学材料创设有意义的连接,从而为学习者建立真实化的学习环境,发挥他们的学习潜能。也有学者认为,主题教学是由一名或多名儿童承担的围绕某一专题的深度探究。从教的方面看,鼓励儿童通过有意义的方式与周围世界互动;从学的方面看,强调儿童积极主动地参与探究。还有学者认为,主题教学就是在教师和学生的共同努力下,对话题、社会问题或其它问题进行深入研究的过程。

国内关于主题教学的探索尚处于起步阶段,但也有许多学者对其内涵进行了探讨,以顾小清、窦桂梅、袁顶国、李祖祥等人的观点为代表。根据顾小清的观点,主题教学是在专题问题引领下,为了促进学生多元智能的发展,以学生主动建构的方式展开教学的形式。窦桂梅提出,主题教学是一种指向主题意义建构的开放性教学。在此过程中,教学围绕某个固定的主题,充分重视学生的个体经验。在多个文本的碰撞交融中,通过重过程的生成性理解,实现主题意义建构的目的。袁顶国、朱德全认为,主题式教学设计在本质上是一种整体的设计,通过在真实的情景中联系教学主题表达教学目标和要求,达到实现学生认知和非认知发展需求的目的。主题式教学内容往往通过需要探究的挑战性问题来呈现,学习内容通过问题探究与自主学习结合的方式获取;对话与交际合作是两种主要的教学形式。同时,从目标上看,需要通过"教学逻辑"与"学习逻辑"接通"知识逻辑"与"认知逻辑"。

尽管缺乏统一的定义,但不难从这些不同的表述中看出一些关于主题式教学认识的共性,这些也成为本研究中搭建基于主题语境词汇教学的重要参考。第一,学生是学习的主体,以探究的方式参与教学活动。在主题式教学中,师生地位平等,二者共同构成完成教学任务的团队。第二,课程内容主题化,主题起着催化、牵引、笼摄和线索功能。教师需要超越教材知识本身,洞察隐藏在符号背后的情感态度、价值观、思维等要素,并以此引领学习;超越对课文主题的把握,引入同一主题的其他知识,实现更大范围的知识整合;超越分科造成的"知识碎片化"现象,整合不同学科、不同领域的知识,帮助学生获得对事物的整体性认识。第三,核心问题境脉化,让教学主题中含有的问题回归到生活情境中,使之变得更加生动、具体、丰满。第四,知识运演结构化。完整的、完好的认知结构是知识内化、运用与迁移的前提。主题式教学强调要将散点状的知识进行整合,实现其整体功能,强调要帮助学生形成关于相关学科的知识结构,让学生通过相互合作、协商、归纳、反思等方式建构知识结构网络。第五,知识结构活性化。能力的可迁移性和知识的活化是信息时代对教育教学的诉求。在知识经济时代,常规认知工作和手工劳动的份额下降,复杂交往与专家思维成为必需,创造性学力的育成受到重视。张华教授提出要培养学生迁移性的素养,为创新驱动的和尚未诞生的职业做好准备。在这种背景下,知识结构活性化成为必然的要求,这与《义务教育英语课程标准(2022年版)》提出的学习活动观有异曲同工之妙。

二、基于主题语境小学英语词汇教学的特点

基于主题语境的教学整合了"主题"与"语境"两个概念,但绝不是二者的简单相加。在主题语境概念中,"主题"限定与修饰"语境",二者之间的"限定"与"修饰"关系才是厘清主题语境"特征"的关键所在。除具有语境的一般特征(真实、连贯、自然、完整等)之外,主题语境还有其个性化特征。基于主题语境小学英语词汇教学除了重视语境的使用,还具有如下特征:课程资源整合化、课堂语境一体化、词汇载体语篇化、词汇知识滚动化、课堂语用意义化、词汇学习结构化。虽然本节关注的重点是基于主题语境小学英语词汇教学的特点,但本节提出的一些特征同样适用于其他学段、其他课型。

(一)课程资源整合化

基于主题语境词汇教学的核心特点之一是课程资源整合化。当前,基于单元整体的教

学理念已深入人心，受到很多一线老师认可。基于主题语境开展的词汇教学通常会对本板块、本单元，甚至多个单元的课程资源进行整合。在基于主题语境的教学中，教师可以整合单元中不同部分、不同板块的内容。例如，可以将对话课与词汇课进行整合，也可以将主情景图融合在其他板块。在基于主题语境开展的词汇教学中，词汇课并非孤立的存在，而是需要围绕主题和生活话题展开，在层层递进的教学活动中，通过多形式、多维度的活动帮助学生感知、体验、操练和运用语言，感受、体验主题并不断深化对主题意义的理解。每一次课都是前一次课的延伸，每一单元都是之前单元的递进。在此过程中，教师必须突破教材的限制，在充分挖掘和利用教材资源的前提下，做到用教材教，而不是教教材，对教材和其他课程资源进行多维度的整合，实现时间和空间的整合，知识发展与能力提升的整合。

（二）主题意义语境化

基于主题语境开展英语教学的核心主张是在真实情境中围绕主题开展教学，围绕主题和语境设计教学目标，以主题、语言这一明一暗的两条线设计教学活动和教学环节。因此，主题意义语境化是基于主题语境英语教学的另一核心主张。通过将主题意义复归到生动、真实、有趣的语境中，抽象的问题变得鲜活，空洞的说教变成真实的体验，不仅有利于激发学生的学习兴趣，更有利于学生内化所学知识，提升学生运用与迁移知识的能力。《义务教育英语课程标准（2022年版）》将主题语境划分为三个大范畴：人与自我、人与社会和人与自然。这三大主题又被进一步细分为十个主题群。当前小学英语教材主要以话题——功能为纲，每个单元围绕着一定的主题意义，不同单元又构成了一个意义群。教师在进行主题语境创设时，可以根据主题意义梳理出相关的意义群，并在此基础上构建语境群，实现知识的融会贯通，同时学习的过程就是学生体验社会生活的过程。

（三）词汇载体语篇化

词语一般有着丰富的语义场，在不同语境中的意思截然不同。因此，孤立地学习词语没有意义，必须将它们放置在语篇和有意义的情境中，才能彰显它们的意义，从"语言"变成"言语"。语篇承载着语言知识和文化知识，发挥着传递文化内涵、价值取向和思维方式的作用，为学生价值观的培育提供平台。因此，在基于主题语境进行词汇教学时，必须关注词汇载体的语篇化。通过语篇为学生提供学习词汇、感受真实语用的载体，为学生接触真实社会生活提供平台。《浙江省小学英语学科教学基本要求》也提出，要让学生在语境和语篇中感受词汇的语用功能。梳理文献也发现，"语篇能力"（discourse competence）早就得到很多学者的认可和强调，被认为是交际能力（communicative competence）的重要组成部分。

在词汇教学过程中，教师要根据教学内容和学情特点，在充分挖掘、利用教材内容的基础上，采用恰当的语篇进行教学。语篇的形式应尽可能多样，除了文学性语篇，也应包括非连续性文本；除了传统的媒介，也应考虑多模态语篇，使学生能够体验真实、多样的语篇材料和语篇形式，以适应未来的生活、学习、娱乐等需要，同时在此过程中学会欣赏语言的意义和美感,丰富生活经历,体验不同情感,树立正确的世界观、人生观、价值观。

(四)词汇学习滚动化

在英语学习中,词汇由于其数量的庞大以及任意性特点,导致词汇的记忆总是缺少章法。对许多英语学习者,尤其是初学者而言,词汇的学习便变成了英语学习的拦路虎。赫奇(Hedge)指出,"我们可以把自己的词汇知识看作是一个等级体系,一端是能够自动识别并使用的积极词汇,另一端则是只能在听、读中识别,但不能在说、写中使用的消极词汇"。促进消极词汇向积极词汇转换的策略就是多学多用。研究表明,只有间隔出现6~7次以上,单词的记忆效果才会更好。因此,在词汇教学中,教师需要在教学中有意识地帮助学生滚动复习已学词汇。在基于主题语境的词汇教学中,滚动学习词汇的作用更为明显。研究表明,对词汇的理解和对语篇的理解相互关联。词汇理解更准确,语篇理解就会更精准。而语篇理解更精准,词汇记忆的效果也更好。在基于主题语境的词汇教学中,通过完整又递进的语境,结合多种形式的语言操练和运用活动,帮助学生不断滚动所学词汇,既有利于语言知识的学习,又有助于学生感知和体验主题意义,在生动、真实、围绕主题意义创设的语境中让学生不断运用所学词语进行基于主题意义的探究,既有利于提升对主题意义的认识,又达到意义探究与词汇学习互动的效果。

(五)课堂语用主题化

语用能力(pragmatic competence)是交际能力的重要组成部分,对语用能力的培养也是英语课程标准的要求之一。《义务教育英语课程标准(2022年版)》以学生在某个级别"能做什么"为主要内容进行表达,旨在调动学生积极性的同时,促进学生语言运用能力的提高。在基于主题语境的词汇教学中,对于语用能力的培养仍是重点要求。除此之外,还需关注课堂语用的主题化。换言之,在基于主题语境的词汇教学中,教学设计应以主题为中轴,围绕主题展开教学活动,进行探究,学生围绕着相应的主题进行语言使用。不同语言有其相应的语域,围绕相应主题进行语言使用,不仅有利于学生更好感知与体验目标语汇的意义,也有助于学生在语言使用的过程中深化对主题意义的理解。

(六)词汇学习结构化

教育家埃贝尔指出"一个人的经验(直接或间接)和记忆的一切内容,如果被整合到他自己的认知结构中去的话,都可以成为他知识的一部分。"因此,对于学习者而言,如果想要获得知识,就需要不断建构自己的认知结构。需要注意的是,在基于主题语境的教学中,"认知结构"并不仅仅是公共知识范畴下的"知识结构",更加强调的是作为学生个体知识的个别化、具有学生自己的丰富意义与情感的"认知结构"。

良好的认知结构对学生知识的掌握具有重要的作用早已成为当代教育界的共识。形成良好的认知结构是学习的主要任务以及已经形成的良好的认知结构是后续学习的核心条件。正是由于认知结构在学习中的核心地位,决定了教学的价值取向和核心目标之一就是帮助学生建构和完善良好的认知结构。因此,在基于主题语境的词汇教学中,知识结构的学习是核心任务。基于主语语境进行词汇教学能够将散点状的词汇知识整合为一个有机的整体,为学生提供具有明显类特征的知识,并在学习的过程中通过主题切入、探究文本、比较拓展发现该类知识的规律,进而实现知识的迁移。在基于主题语境的词汇教学中,知识结构化的学习主要有三种类型:一种是教师呈现,即教师将自己建构的有关教学主题的认知结构呈现给学生;第二种是学生之间相互合作,即通过小组合作的形式让学生共同建构知识结构网络;第三种是在本主题学习后,通过反思、归纳、总结而独立建构知识结构网络图。因此,在基于主题语境的词汇教学中,教师可以采用多种形式实现词汇教学的结构化。

第二节　基于主题语境小学英语词汇教学的实践策略

一、基于主题语境小学英语词汇教学的目标确立策略

教学目标是教师进行一切教学活动的出发点和归宿,因此确立恰当的教学目标是基于主题语境小学英语词汇教学的重要考量。整体而言,基于主题语境小学英语词汇教学要尽量围绕主题设计教学目标,既包括认知层面的目标也包括非认知层面的目标。同时,教师还需具备全局意识,能在更宏大的视野下,从单元、模块、主题群等角度综合考虑词汇教学目标的设定。

（一）关联全局,统整单元和单课时词汇教学目标

教育家埃贝尔指出"一个人经验和记忆的一切内容,都可以成为他知识的一部分。当认知结构中整合了经验和记忆的内容,那么经验和记忆便成了知识的一部分。"对学习者而言,知识整体功能的实现需要将散点状的知识整合起来。在这种背景下,若要实现词汇教学设计与素养目标的有效对接,需要教师提升词汇教学设计的站位,从关注单一的词汇知识点、课时转变为大单元设计,这一做法能够有效改善学科知识点碎片化教学的现状。在基于主题语境的词汇教学中,应关联全局,统整单元和课时目标。单元与词汇板块是整体与局部的关系,单元整体目标体现学生在一定时间跨度内需要实现的综合发展目标,各个板块互相关联、螺旋递进,帮助学生逐步提升语言运用能力,进而深化对单课时词汇教学主题意义的理解。

以《英语》四年级上册第六单元 Meet my family! Let's learn 词汇板块为例,可以关联不同板块,整体构建单元目标和课时目标。以非认知领域的情感目标为例,可以构建出基于主题语境的单元情感目标和词汇课时情感目标。

基于主题语境的单元情感目标:

第一,认识家庭的构成,了解家庭成员,学会家庭成员的英文表达,形成家庭的概念。

第二，感悟家庭成员之间的贡献，分析交流每位成员对家庭的责任与贡献，总结如何与家人和谐相处。

第三，建立好家庭的概念，以事例说明好家庭需要相互理解、欣赏与爱护。

第四，撰写自己的家庭情况，深度理解"爱、和、勤、俭、善"的家庭内涵。

基于主题语境的词汇课情感目标：

第一，Part A Let's learn 词汇板块：了解家庭成员在家庭中的角色称谓以及形象特征，体会家庭成员对家庭的责任和贡献，感悟家庭成员之间的相处之道，建构彼此爱护、帮助与鼓励的家庭氛围。

第二，Part B Let's learn 词汇板块：了解家庭成员在社会中的角色、责任，工作内容。通过本部分的情境功能句："They are helpful!"引导学生树立职业平等的观念，以及为家人的工作而感到自豪的情感。

（二）统整认知和非认知纬度，基于语言和主题确立词汇教学目标

著名课程与教学论专家崔允漷提出，学科教学的逻辑起点是达成学科核心素养目标。单纯讲授知识点的教学已经成为过去式，如今教学目标应放在学生关键能力、必备品格与价值观念的培育上。基于主题语境进行小学英语词汇教学，需要围绕主题和语境，确立认知与非认知目标。在关注语言目标（如：语言知识的提升和语言技能的发展）的同时，还应重视基于主题的教学目标，例如：了解有关某个主题的新知识、加深对某个主题的理解等。

例如，《英语》四年级下册第三单元 Weather 的核心话题是天气，通过天气预报、下雪天妈妈与 Mike 在厨房吃午餐、爸爸从悉尼给 John 写明信片等场景，呈现了本单元的核心单词和句型。Part B Let's learn 词汇部分主要呈现了表示天气状况的单词 rainy、snowy、windy、cloudy 和 sunny，以及谈论和询问天气的句型：What's the weather like in...？It's...观察该部分的插图，首先跃入眼帘的是天气预报，延续了 A 部分 Let's learn 词汇板块的场景。但是，不同之处是，角落里出现了 John 的爸爸，他正在为出差整理行李，而核心句型就是通过 John 的爸爸向妈妈询问天气展开的。从语言上看，该词汇材料的目标是学生能在语境中体会和运用核心单词和句型，能够在情景中综合运用核心单词和句型以及相关语汇进行真实表达。从主题上来看，一方面是关于话题的知识，一方面是对主题的理解。材料呈现了一张世界地图，通过不同的地方呈现表示天气的词语。细看下来，世界地图上呈现的是几大著名城市。词汇材料下方的 Let's play 词汇活动部分呈现的是中国的一些城市——冰雪之城哈尔滨，四季如春、风和日丽的昆明。教师可以充分挖掘和运用教材蕴含的这些元素，围绕主题确立词汇教学目标。例如，通过播放"Weather around the world"帮助学生了解更多地区、国家的天气特征，并初步感知产生气候差异原因。在此过程中，学生不仅能提升关于天气方面的知识，也能提升文化意识。除了这条明线，本单元还有一条暗线，即是爱与关心。因此，可以顺着这条情感线索确立相应的目标，学生能感受到亲人、朋友间的关心，学会关心

他人并主动、合理表达对他人的关心。与此同时,通过对天气这一主题的学习,学生能学会关心日常天气变化,根据天气情况合理选择户外活动。由此,基于对语言和主题的挖掘,认知和非认知层面的词汇教学目标都得到了关注。

二、基于主题语境小学英语词汇教学的语境创设策略

《义务教育英语课程标准(2022年版)》有关词汇知识的内容要求指出:"在特定的语境中,运用词汇描述事物、行为、过程和特征,表达与主题相关的主要信息和观点。"研究表明,利用语境学习词汇既是母语习得的主要途径,也是外语学习者增加词汇量的主要途径。在主题意义引领的课堂上,教师需要创设与主题意义密切相关的语境,另外,特定主题所承载的语言、意义、文化内涵也需要教师的充分挖掘,这就要求教师通过探究词汇的主题意义,整合学生语言知识与技能的发展,最终实现学生思维品质、情感态度价值观的提升。在此过程中,语境的创设无疑是首要考虑的。恰当的语境创设可以提升学生的学习动机和兴趣,另外学习内容的整合,主题意义的突显,以及学生语言能力、文化意识、思维品质和学习能力的融合发展都离不开语境的创设。

(一)紧扣主题意义,创设词汇文本的主题语境

《义务教育英语课程标准(2022年版)》指出英语课程体现工具性和人文性的统一,具有基础性、实践性和综合性特征。具体而言,通过英语课程的学习,不仅能够提升学生的语言能力,还应对学生人生观、价值观产生积极的引导。学生发展不是知识的简单堆砌,而是一个复杂的个体与社会的互动过程。语言学习的目的除了掌握这门语言,也包含在学习过程中促进个体的发展。在教学过程中,教师不能一味强调语言的工具性,必须认识到语言的人文性,意识到语言学习对促进人的全面发展的作用。因此,基于词汇文本材料对主题意义进行探究是教师词汇教学中最重要的内容以及学生学习的核心任务。词汇教学材料主题意义的确定要求教师充分研读教材,并根据词汇教学材料的内容和学情,确立恰当的主题意义。教师基于确立的主题意义创设交际语境,让学生在有意义的语境中展开词汇学习和探究,帮助学生实现从知识向能力、从能力向素养的转化。从教材设计的类型来看,英语教材主要分为:知识中心式教材、范例式教材、经验和活动中心式教材以及人本中心式教材。现行小学英语教材多为经验和活动中心式,这类教材以人类生活中的衣食住行等为教材基本内容,以经验为教材的主线,以教材中的经验性主题激活学生课堂的经验性活动,并通过活动促进语言的运用和学习。因此,教师可以在充分研读、挖掘教材中情境因素的基础上,根据教材内容和学生生活经验,确立恰当的主题意义,根据主题意义创设主题语境并展开词汇教学。

例如,《英语》六年级上册第六单元 How do you feel? Part B Let's learn 词汇板块呈现了 Chen Jie, Wu Binbin, Mike 和 Oliver 在不同情境中表现出的不同情绪和感受,通过教师、父母和朋友分别提出的针对性建议呈现了本课有关意见。谈论情绪和感受的内容贴近学生

生活实际,容易引起学生的兴趣和共鸣。此外,六年级学生进入青春期早期,自主意识逐渐强烈,情感更为丰富和敏感,需要引导他们意识到有问题要跟家长、老师、朋友交流,要客观认识生活中的问题并合理表达自己的问题,同时要学会关心他人、为他人所想。因此,本课的主题意义为:分享自己的问题并互相给出建议。基于这个主题语境,可以创设"心情墙"的场景,以学生交流心情、分享建议为主线,通过"think and say""watch and learn""talk in groups""enjoy the picture book"等活动,使学生了解每个人都会有开心和不开心的时刻,要尊重自己的感受,碰到问题或困难时,积极寻求他人的帮助。当他人碰到问题时,要关心他人、乐于助人,并给出合理建议。

(二)串联单元板块,创设整体词汇语境

著名课程与教学论专家钟启泉指出,基于核心素养的课程发展需要借助单元设计撬动课的转型,这主要是由单元教学设计在教育教学活动中的关键地位决定的,课时计划若是离开了单元设计,只是聚焦碎片化的"知识点"的教学。在教学中,"单元"既包括由一定目标和主题构成的教材与经验模块,也包括以系统化学科为基础所构成的"教材单元"(学科单元)和以学习者生活经验为基础构成的"经验单元"(生活单元)。从单元整体的视角进行语境创设,有利于丰富主题语境,深化对语言和主题语境的理解,并且能为语言使用提供更有意义的载体。《英语》以"话题—功能—结构—活动"的方式编排,每个单元围绕一个话题以及相应的语言功能,教材各板块之间的知识点和话题、语境密切联系、螺旋递进:Let's Learn 词汇板块是 Let's Talk 对话板块的延续,B 部分 Let's Learn 词汇板块是 A 部分 Let's Learn 词汇板块的递进,主情景图与各板块的联系则更为紧密。因此,可以串联各个板块提炼出单元主题,并根据各板块的侧重点创设分主题,从而以总主题——子主题的形式串联各相关板块有价值的信息,创设出内容丰富并富有逻辑的主题语境,主题语境可以分解成多个子语境,语境与不同的教学内容和教学活动相关联,使语境更为整体、完整、连贯。在此过程中,Let's Learn 词汇板块的语言点和主题意义可以融入单元整体语境,从而为语言输入和输出提供更有意义、更丰富的载体。

以英语五年级上册第四单元 What Can You Do? 为例,该单元 Part A Let's Learn 词汇板块主要教学"dance""sing English songs""do kung fu""draw cartoons""play the pipa"这五个词或短语。在主情景图中,Chen Jie 上交作业时 Miss White 告诉她下周二将举行英语晚会,并询问 Chen Jie 能为晚会做什么。

窗外偷听的 Zoom 和 Zip 也跃跃欲试,Zip 会跳舞,Zoom 能唱歌。但是,观察文本插图可发现,Zoom 唱得并不好。在 A 部分 Let's Talk 板块中,Miss White 在班上将举行英语晚会的消息正式告诉同学们,部分同学把自己擅长的技能汇报给 Miss White——John 会功夫,Zhang Peng 会唱英文歌,但节目单并没有最终确定。结合以上几部分内容,教师可以将单元的主题语境设置为"English Party",本课则是分语境(英语晚会筹备会)。首先介绍背景:晚会即将到来,班级要准备节目,需要尽可能多的同学参与演出,并且形式要多样(独唱、合唱、独舞、群舞、演奏乐器等),同时要委派一些同学制作道具、装扮会场,一名学生负责制作节目单。在完成具体任务"制作节目单"的过程中,学生需要进行才艺大调查。在此过程中,核心句型"What can you do?"有了真实的交际意义。在寻找群舞伙伴、寻找制作道具和装扮会场的同学这个过程中,句型"Who can dance?",词组"draw cartoons"发挥了其语用功能。几个课时构成了相互关联、逐步深入的系列学习活动,学生可以在整体语境中体验、运用核心词汇。

(三)统整教材内容,根据主题群确定词汇主题语境

教师必须提升教学设计的站位,基于主题语境小学英语词汇教学的应然诉求是从关注单一的知识点、课时转变为大单元设计。这样一种教学观念的转变有利于改变碎片化的学科知识点教学,从而实现教学设计与素养目标的有效对接。从单元整体视角确立教学目标的重要性,体现在主题语境的创设上,教师必须在深刻理解、挖掘教材内容的基础上,对其进行统整,并构建相应的主题群,为学生提供更为立体的语境。这种做法也与新课标的理念不谋而合,即设计主题意义探究的英语教学要以调动学生对该主题的已有经验,帮助学生建构和完善新的认知结构,深化对该主题的理解和认识为目标。《浙江省小学英语学科教学基本要求》也指出,要结合学生的语言基础和生活实际,根据话题整体创设语境,在整体语境中随着话题展开,积极带动旧知,深化拓展话题,鼓励学生语言表达的多样性与丰富性。

三、基于主题语境小学英语词汇教学的教学实施策略

基于主题语境的教学既需要在分析教材和学情的基础上,创设合适的语境,也离不开有效的实施策略。这里对基于主题语境小学英语词汇教学的实施策略进行探讨。

(一)以语篇为载体,引领意义探究的词汇教学

现代语言学创始者、语言学家索绪尔指出:语言学不应对语言、词汇、语法等元素进行孤立研究,各元素的意义只能由其之间的关系来确定。因此,学习语言不能孤立地学习字母、单词等语言结构,因为这些结构本身并没有意义,只有将它们放置于语篇和有意义的语境中,它们才有意义。语言学习的对象应该是语篇,语言学习就是通过在语境中学习有主题意义的语篇来实现的。基于语篇的教学是当前浙江省小学英语教研的重要课题和改革方向。《浙江省小学英语学科教学基本要求》强调,要树立语篇教学意识,在对新的语言材料进行学习和操练时,词不离句,句不离篇。

语篇的形式包括口头和书面两种,无论何种形式都是为了实现某种交际目的。另外,语篇不是语言文字或声音的简单堆砌,而是在特定的语境中围绕某一主题实现交际目的,有连贯的内容和意义。因此,语言—语篇—语境—主题环环相扣,紧密相连。语言学习就是通过在语境中学习有主题意义的语篇来实现的。基于主题语境的词汇教学倡导学生在语篇中通

过听、说、读、看、写等方式,感知、理解、体验、探究、表达相关的主题意义。

(二)以项目为依托,聚焦问题解决的词汇教学

对主题意义的探究是英语课程教与学的核心任务。但是,在当前的英语课堂中,教学内容碎片化、学生学习浅层化、素养培养割裂化等现象仍存在,这些现象的存在会影响学生对主题意义的理解,导致主题意义解读浮于表面,从而影响学生核心素养的培养。杜威(Dewey)反对现成学科知识的灌输与注入,倡导基于"反省性思维"(reflective thinking)的"问题解决学习",强调从实际生活经验中形成问题,并围绕问题展开一系列的探究。学生核心素养的发展离不开知识学习方式的转变,深度学习(deep learning)和协作学习(collaborative learning)是当前知识学习方式变革的方向,旨在培养学生批判性思维、问题解决和协作学习能力的发展。项目式学习通过开展一系列体验性与探究性的活动让学生综合运用多种知识与技能对真实的问题进行探究,并将最终的成果予以表达、交流与展示。这种教学方式与基于主题语境教学的理念不谋而合。基于主题语境进行词汇教学,通过以项目式学习为依托,主题意义为中轴,让学生在项目启动、探究、开展、评价等一系列过程中,加深对主题意义的理解,从而融合语言能力、文化意识、思维品质和学习能力的发展。

(三)以主题意义为核心,建立词汇关系网

著名心理学家皮亚杰提出图式的概念,指出人们头脑中有一个个关于不同主题的单元知识——图式。图式构成了感知、理解外界信息的基础和参考框架,也可以帮助人们形成对事件的预期和疑问,并引发新信息的探寻。当图式中的一些成分被激活时,这个图式中的其他知识要素也可能会被激活,并使人联想到与之相关的整个主题的背景知识和基本框架。奥苏贝尔也指出,让学生进行有意义的学习是教学的首要任务。有意义的学习的要点在于把已有的旧观念与要教学的新观念联系起来,从而丰富、扩展或改变学习者原有的认知结构。近年一些专家和新手解决问题的比较研究也表明,专家之所以能迅速解决问题,就在于其头脑中有更多的知识组块,这些知识组块按层次网络的方式排列,使得专家在解决问题时能更注意问题的结构。相反,新手的知识往往缺少结构性,多以零散孤立的状态水平排列,从而影响了问题解决能力。由此可见,建构良好的认知结构在学习中发挥着重要作用。著名教育心理学家布鲁纳也强调,学习应最先建立学科基本结构,这是知识内化的要求,也是知识运用、迁移与解决问题的重要条件。在基于主题语境的词汇教学中,词汇教学往往围绕着某一主题开展,这一做法与结构主义教学理论也有一些不谋而合之处。

词汇教学过程中,以主题意义为核心建立词汇关系网是一种极为重要的策略。教师可以引导学生根据词汇的词性、习惯搭配以及主题内容,建构不同的词汇语义网,有助于学生积累词块、扩大词汇量。同时教师可以结合主题语境,让学生在大量的语言学习活动中,不断复现有关词语,迁移词汇运用,最终内化词汇。例如,《英语》教材中跟食物有关的内容较多,包括三上第五单元、三下第五单元、四上第五单元和五上第三单元等。在教学中,可以通

过教师呈现、师生合作、学生单独思考、学生小组合作等方式,将所有与食物有关的词语形成一个词汇关系网。在此基础上,鼓励学生将所学过的、与食物密切相关的词语与之搭配,组成意义及搭配关系网。

(四)跨学科整合,促进词汇学习"真发生"

主题式教学设计在操作维度上可以表现为三个层面:单元式主题教学设计、学科式主题教学设计、学习领域式主题教学设计。随着学科知识综合化的加强,学科间割裂的状态逐渐被打破,"跨学科学习"日益在课程领域受到重视。与传统的单科学习相比,跨学科学习把学习重心由知识记忆转向不同学科信息的整合,有助于提升学生的批判思维能力、演绎推理能力、解决实际问题能力,实现真正意义上的学习。同时也有利于发挥学生的主体性,帮助他们形成探究意识和"发现式思维",促进学生知识网络和智力结构的完善。

(五)巧用问题链,深化词汇教学的主题探究

所谓"问题链",是教师针对学生在学习过程可能或将要产生的疑惑,根据学生的已有知识或者经验设计的一连串层次鲜明、系统性的教学问题。值得注意的是,"问题链"不是简单的教师提几个问题然后学生回答,而是教师和学生围绕环环相扣的问题进行多元的、多角度的、多层次的探索和发现。《浙江省小学英语学科教学基本要求》也指出,教师在进行课堂提问时要注重结合教学的内容以及学生的困惑,提出具有启发性、导向性和示范性的问题。提问的内容要从"是什么"为主的封闭式提问逐步拓展到以"为什么""你怎么想"等更为开放的提问,旨在实现从掌握语言知识到发展思维品质的进阶。在教学过程中教师要对知识性问题进行及时、准确的评价反馈,对理解性、感悟性的提问要采取追问、延时反馈等方式发散学生的思维,提升学生的学习效果。另外,在以主题意义为引领的课堂上,教师要基于对主题意义的探究,以解决问题为目的,整合语言知识和语言技能的学习与发展。因此,在主题意义探究的词汇教学中,凸显主题的最好办法并不是教师直接告知学生,而是基于主题内涵分层设问,通过将主题转化为环环相扣的问题链,为学生创设步步深入的词汇学习情境。

(六)设计多维活动,深化词汇文本的主题意义

学生综合语言运用能力的形成离不开大量的专项和综合性语言实践活动。教师要在教学活动中创设贴近学生生活实际的语境,开展层层递进的语言学习活动。在活动中学生可以通过对信息进行处理表达个人观点与感受,进而提高用英语做事的能力。另外,当前英语教学实践六要素整合的英语学习活动观,即学生在主题意义的引领下,通过学习理解、应用实践、迁移创新等一系列体现综合性、关联性和实践性等特点的英语学习活动,使学生在语言学习的过程中,促进自身语言知识学习、语言技能发展、文化内涵理解、多元思维发展、价值取向判断和学习策略的运用。因此,在基于主题语境的词汇教学中,要基于学习理解、应用实践、迁移创新等不同层次,设计多方位的活动,深化主题意义。

第三节 教育生态学视角下小学英语词汇教学理论

一、教育生态学视角下小学英语词汇教学的理论基础

英语学习作为一种外来的语言体系，具有不同于汉语的语言构造和思维方式。汉语的学习是在母语环境中的自然习得，是一种无意识的、自然化的社会习得过程；而英语的学习则是跨文化境域中的语言学习，是在模拟的、非自然的、狭隘的语言环境中的学习过程。因此，英语学习的跨文化特性要求英语教学需关注教学过程中生态主体和生态环境之间的关系和作用。英语词汇直接与概念系统关联，属于语言的核心知识领域，是学习者丰富的思想、理论和原则之门。小学英语词汇教学是学生学习英语的基石，学生对于词汇音、形、意的掌握和运用都要在合适的语言环境之中。由于小学生认知能力和理解能力有限，在词汇教学过程中不需要对词汇的先天性规则、语法、词汇的搭配形式等进行详细讲解。因此，教师应遵循整体教学理念，在小学英语词汇教学系统中整体教授词汇的音、形、义，并在有机整体中运用词汇表达。

为避免小学英语词汇教学成为词汇的孤立讲解和僵化记忆，可以从教育生态视角审视词汇教学系统，关注语言的输入与输出的可持续发展，让英语词汇教学系统焕发生命活力。生态学重视事物之间的相互联系，提倡运用教育生态学观点来全面地分析研究词汇教学。教育生态学视角下的小学英语词汇教学是从生态哲学观出发，强调有机地联系整体，其教育系统内各生态因子之间信息、物质、能量存在交互流动。构成词汇的各种词汇要素只有在英语词汇教学系统中产生相互作用制约的关系，形成种种有机关联，语言词汇才能融为一个有机整体。教育生态学原理及方法论恰好能够从跨学科视角透视小学英语词汇教学中的生态和非生态现状，促进英语词汇教学生态系统的再生能力。

（一）生态哲学观

教育生态学视角是以生态哲学思维为主线，将词汇教学视为一个微型的生态系统，从整体的、共生的、多样的、开放的教学观来审视词汇教学系统中各因子的关系和运作。生态学的考察方式克服了从个体出发、孤立的思考方法，反对机械论哲学坚持的主客二分的观点，认为"生态系统"是由"生态主体—生态客体"构成的活的有机整体，主体和客体之间彼此依赖与关联。这里指的生态主体就是生命系统，生态客体就是环境系统。小学英语词汇教学处于异域的中国社会语言生态环境中，词汇教学系统中也存在着生命体和环境之间的相互运作。因此，词汇教学的生态要素可以分为词汇教学中以人（学生、教师）为生态主体的生命要素和以教学环境（物质环境、语言文化环境、心理环境等）为生态客体的环境要素，这些生态要素不仅包含了主体因素人的发展，还关注到教师、学生与语言环境的和谐、共生发展。

小学生英语词汇教学的效果如何也正是取决于教学系统中的生态因子的位置和性质,例如教学中词汇的呈现方式、频率、数量、难度等,以及学生记忆单词的策略、学习的途径方式(自主学习或他人指导学习)等都将影响着词汇教学的系统运作。唯有各生态要素之间相互配适、联系、制约,彼此之间进行能量流、物质流和信息流的传递,于"平衡—不平衡—新的平衡"的矛盾中循环运转,才能维持着其词汇教学生态系统的整体"平衡",实现词汇教学自组织的共生性发展。本质上来说,教育生态学视角就是立足于生态哲学的整体观、系统观、联系观,整体谋划英语词汇教学生态系统的因素的关系和运作过程,实现从人的认知领域到生命全域的发展。

(二)教育生态原理

教育生态原理是教育学与生态学交叉研究中的重大成果,为英语词汇教学生态的实践研究提供相应的理论指导。本小节主要采用吴鼎福和诸文蔚(2000)的限制因子定律、适度和耐度定律、教育生态位原理、"花盆效应"和教育"生态链"法则这五大原理作为理论基础,来探究小学英语词汇教学中教师行为生态和学生行为生态,注重小学生英语词汇学习量、词汇学习策略、词汇学习兴趣、词汇语境设置和词汇运用能力的培养等。

1. 限制因子定律

限制因子定律最初是由学者李比希研究谷物时发现的,他认为农作物的产量不是受控于所需要的大量营养物质,而是受土壤中微量元素的制约,这类微量元素就是限制农作物产量的"限制因子"。换言之,在"稳定状态"下(即能量的流入与流出处于平衡的情况下),当某类营养物质的总量处于最小量和过量时,它都会成为限制因子,这种现象被称为"限制因子定律"(Rogers,A,2014)。限制因子定律给我们的启示是,在实践教学过程中可以运用生态因子分析法,即通过对教育生态系统中主要生态因子的分析,对事物的认识会更加深入、更加全面,可以从整体上更好地把握该事物。

限制因子定律也适用于小学英语词汇教学的生态系统之中。在小学英语词汇教学过程中,教师、学生、语言以及词汇教学环境等因素就形成了一个完整的"词汇教学生态系统"。在这一生态系统中,由于不同阶段小学生身心发展规律和语言学习特点的不同,因此词汇教学的空间布局、词汇教学的语境设置、词汇教学的方法、词汇教学的活动数量和类型、词汇教学的内容、师生词汇教学时的心理活动等都有可能成为英语词汇教学的限制因子,影响着小学英语词汇教学的整体质量。本小节主要通过理论分析归纳、梳理影响词汇教学的生态限制因子,初步设计小学英语词汇教学的生态标准框架,结合调查问卷、课堂观察、访谈等分析框架维度修改框架,以生态因子分析法试图找出影响小学英语词汇教学实践过程中的主要限制因子,积极将其转变为非限制因子,构建健康的小学英语词汇教学生态系统。

2. 耐度定律和最适度定律

耐度定律由生态学家谢尔福德提出,他认为对系统中任何一项生态因子的性质加以改变或降低其含量,超出生物耐力的界限,就可能会导致一种生物的灭亡甚至绝种。换言之,生物或生态系统在自身发展状态的一定阶段对周围环境和生态因子有适应范围的上限和下限,适应范围的程度也会制约着生态因子的动态变化,即"过"与"不及"都不利于生物的生存与发展。根据生态因子对生物或系统等作用的程度,人们把其分为最小量(minimum)、最大量(maximum)和最适度(optimum)。生态因子的性质和作用只有在"最适度"状态,个体、种群和系统等才能获得最佳的发展。在教学环境中,当制约教学发展的关键生态因子处于最适区,教学主体便能够自由、自然地成长;反之,一旦生态因子超过或不及上限与下限,就会阻碍到教学主体的自由健康发展,这就是教育生态理论中的最适度原则。

在小学英语词汇教学中,生态因子的性质变化都将影响着词汇教学,如词汇呈现数量的选定、词汇重复记忆的数量、词汇文化内涵的讲授程度、词汇课任务活动的数量、词汇评价任务的布置量和难度、教师讲解方式策略等都有其耐度和限度。词汇教学中每个生态因子都有自己的适应阈值,如若这些生态因子处于一定的接受范围内,词汇学习的生态质量也会逐渐提高。以小学英语词汇课每一次呈现的单词数量为例。英语教学改革提倡在语篇中整体推进词汇教学,但究竟要如何整体推进,每次推进多少数量的单词才能达到学生吸收的适应阈值,这就是一个棘手的难题。在实践操作过程中,部分教师要么仍然沿袭着传统的固定呈现模式,像串珠子一样将文本中的每个单词逐一呈现;要么为了契合整体推进理念,在创设的语境中直接将几个单词一起呈现。这些做法不仅没有划分出重点词汇,还增加了学生词汇学习的负担。诸如此类呈现模式违背了耐度定律和最适度定律,"过"与"不及"都将不利于学生的词汇学习的最佳状态。因此,在生态型的英语词汇教学中,教师应摆脱不适的呈现模式,通过考量学生的学习特点、新授词汇之间的关系、难易程度等,把握教学信息的传输量和难易度,使其符合学生的接受状况,让学生在"最适度"状态掌握学习词汇、运用词汇。

3. 教育生态位原理

在一个群落中每个物种都有不同于其他物种的时间、空间位置,在生物群落中的功能位置也不同,这就"生态位"。生态位是生态群落内部和外部关系的基础,当生物界中的同一物种处在同样的"生态位",它们既相互合作,维持该物种的繁衍与生存;又通过竞争进行优胜劣汰。同一物种能够利用到的各种资源的综合幅度也称为生态位宽度,生物可选择和利用的资源增多,生态位宽度就会增加;而当处于不同生态位的生物共同占有和使用相同的资源时,就会导致生态位重叠,形成资源重叠和危机。教育生态系统中的不同生态个体或生态群体因教育背景、性格、经验、能力、个性以及动机的差异,也处于不同的教育生态位。因此,不同的生态位也导致师生主体获取利用的资源程度具有差异性。在教学实践中,只有根据教学情境和语境不断调整师生、生生的生态位,加大生态位的分离程度,优化有限教学资源受教学生态主体的利用程度,才能实现资源利用的最大化。

在小学英语词汇教学系统中,不同师生主体、生生主体都具有不同的生态位置,不同的生态位置的分布将会影响师生、生生之间的竞争空间和资源的利用程度。教师和学生作为知识的生产者、分解者、加工者，他们都具有其生态特性的分布，这种特性也决定了他们生态位的分布特点。只有将词汇教学系统中的不同的生态主导因素摆放于不同的生态位置，合理布置词汇教学系统的结构，拓宽教学环境和空间资源的承载量，才能实现资源利用的最大化。比如不同的词汇课类型可以采取不同的座位编排模式来增加资源的利用率。学生个体在词汇学习兴趣、词汇学习能力、学习成绩方面存在差异，秧田式的座位虽然能够在一定程度上保证知识、能量的单向流动效率，但是不利于处于不同生态位的学生个体对资源的有效利用。

4. 花盆效应

"花盆效应"，亦称之为"局部人工环境效应"。所谓"花盆"，特指非自然的、人工的微小生态环境。在这一生态环境中，人工创造了适宜生态系统中个体或群体生存和发展的环境条件，生长个体、群体一旦离开这一生态系统就会失去生存能力，形成"花盆效应"。这种效应削弱了教育生态个体（或群体）的生存能力，导致生物一旦脱离人工创造的舒适环境便变得束手无策。在该原则下，教学过程中应打造开放、立体、多元的生态圈，注重教学内容的开放性，实现课内与课外的资源对接，促进课内外资源的有效整合。

在小学英语词汇课堂教学中，教师往往囿于封闭的课堂环境中机械地传授教材板块中单一、局限的几个词汇和短语，这些知识就是学生赖以生存的养料，极大地妨碍了学生的语言的创造力和自身的可持续发展。生态失衡的英语词汇教学就像把学生种植在花盆里，单词的种类、词汇的数量、短语搭配、词义辨析等都是生态主体成长的营养物质。但从长远目标来看，一旦学生脱离舒适的人工环境，便缺乏灵活运用词汇的能力，即产生"花盆效应"。因此，在小学英语词汇教学中，教师须应采取积极的措施，摒弃"花盆效应"，创设适合儿童真实需求发展的开放性生态教学系统，实现课内与课外的对接，在真实的文化语境中培养学生的词汇兴趣、词汇记忆策略和词汇运用能力，为学生生命体的可持续生长提供充足的"营养成分"。

5. 教育"生态链"法则

在生态系统里，生物之间的营养关系不是简单的直线关系，而是一种复杂的网络，形成食物链和食物网（Foodwebs）。食物链规定了在某个特定的生态系统中各个子要素之间的层级关系以及相互作用，是使生态系统保持生机和活力的纽带。而教育生态系统中的"生态链"不同于自然界的"食物链"，不仅有基于能量流传递摄取的关系，更有知识流的富集关系，形成纵横向交叉的生态链。这些生态链通过知识、能量、物质等的持续富集、迁移和降衰过程，从而保障教育生态系统的健康运转。根据教育"生态链"法则，师生之间就是通过信息的加工和传递与环境相互联系作用。在这一营养网络中，教师和学生都是消费者、生产者和分解者，处于民主平等的层级，并通过生态链条紧密地联系着。一旦教育生态系统封闭和半封闭,教学过程中的能量流、物质流渠道就会呈单向流,导致信息流堵塞,处于知识富集状态;如果忽视知识信息的及时循环流动,就会导致学习者知识流的衰减,处于知识贫瘠状态。因此,在英语教学过程中,一方面教学不能一味地增大语言知识的富集程度,导致资源的浪费;另一方面教学也不能忽视学生的知识能量的衰减过程,应及时补充资源,构成环形式生态链,实现能量的流转。

小学英语词汇教学系统中的生态链有着特殊性和复杂性,教师、学生、语言知识经验之间的物质、知识、能量流的富集和交互程度将直接影响词汇教学系统的运转。比如英语教师会急于增长学生的词汇量和句型,会在仅限的一节40分钟的课中教授大量的非重点新词,导致生态链的能量流过于富集,反而收获不好的效果。另一方面,有部分教师可能会忽视词汇知识能力的及时复习和复现,导致学习者知识流的衰减。因此,教育"生态链"法则从另一方面要求小学英语词汇教学需根据学习者模型和学习情景,多渠道、多角度地建立学习的循环机制,旨在构建完整的、网状的、稳固的、有效的英语词汇教学生态链,梳理优化授教学的每个环节和主要生态因子,促进学生不断地在词汇教学生态系统中摄食、消化、分解、吸收、重组语言知识,并在生活交际中自由运用。

二、教育生态学视角下小学英语词汇教学的特征

小学英语词汇学习过程是一种跨文化学习,从教育生态学的视角审视小学英语词汇教学,可以改变英语学科根植于异域环境中形成的孤立性、封闭性等特征,以生态哲学思维的系统观和整体观来看词汇教学生态系统中生态因子的特点。

(一)整体关联:形成"有机健康"的生态系统

教育生态学视角下,教师、学生、教材、环境之间的交互作用构成了一个有机的"生态系统"。基于该视角下,小学英语词汇课堂教学中的教师、学生、语言、教学环境皆置于课堂教学的生态系统结构中,将师生、信息能量、教学环境的交互作用视为一个有机的整体。小学词汇教学中的各个生态因子在课堂教学环境中具有自身特有的"生态位",比如教师心理状态、学生心理状态、师生关系、词汇教学活动、词汇教学内容等具备自身的配适位,彼此之间相互依存、相互影响,建立起一个完整的教学生态网络系统。教育生态学是以生态哲学的视角和方法来洞察教育与教学环境间的相互作用的规律和机理,从关系论、整体论的视角洞察词汇教学过程中主要的各要素关系之"变",并在"平衡—不平衡—再平衡"的动态发展中运转,追寻词汇教学质量的整体叠加效应。比如小学英语词汇教学中又存在环境系统、教学资源系统、教学过程系统、教学评价系统等子系统,他们相互组合交叉,又与教师和学生生态主体之间有着密切的关联性和丰富的互动作用。英语词汇教学中的物质、能量和信息等就是依托这些建立的复杂关系进行循环流动的,在有机整体中实现知识的传递、分享和创造。

(二)互动开放:突破"人工花盆"的封闭空间

封闭导致僵化,只有开放才有可能搞活,教育也必须回归生活世界,回归生活。小学英

语词汇教学由于处于异域的环境中,一天或两天一节40分钟课时的教学很难满足学生英语词汇的积累,扩大学生的词汇量、提高学生的词汇运用能力难度较大。这也导致了小学英语词汇教学中常见的"花盆效应"的现象,即学生一旦离开了课堂,就很难在生活中运用词汇和语言展开交流,极大地妨碍了学生的语言的创造力和自身的可持续发展。因此,在小学英语词汇教学过程中,教师应突破"人工花盆"的封闭空间,为学生构筑全方位、立体化、多元化的英语词汇学习环境,将40分钟的词汇课环境延伸至学生的日常家庭生活、学习生活、社会生活、文化生活等环境中,使词汇教学课堂成为浓缩的小型社会,提供学生广阔的词汇学习生态空间。在这一互动开放的立体化空间,学生词汇学习的资源可以从多维度、多方式、多渠道进行融合和创生,为学生提供源源不绝的知识养料。总而言之,生态化词汇教学要改变传统单一、封闭的机械观,破除主客二分的陈旧观念,以互动、开放的生态理念和关联思维重组词汇课堂的教学结构,强调师生互动、生生互动和人机互动的关系网,实现教学要素的全方位优化。

(三)动态生成:追寻"自由对话"的交际田野

生态系统中,有机体与环境之间的复杂关系决定了动态生成性成为生态系统的重要特征。从教育生态学视角看,词汇语言的输入与输出活动是"平衡—不平衡—再次平衡"的循环运转系统,词汇教学过程中每一次的新授词汇语言输入过程都是对原有认知平衡的冲击,学生进行新旧知识的结合,通过加工内化输出灵活应用、解决实际问题的语言能力,形成输入与输出往返循环的动态生成。因此,小学英语词汇教学课堂不是教师与学生之间个体在特定环境空间的行为活动,而是师生之间、生生之间、师生与文本之间、主体与环境之间的对话过程,并在自由对话中实现促进知识思想的更新和创新。换言之,小学英语词汇教学就是要形成开放、多元、立体的多重对话,实现师生对话、生生对话、文本语读者对话、师生与环境对话,为学生打造一个可以自由对话的交际田野。总之,小学英语词汇课堂教学系统是教师、学生、语言、环境的状态、功能和条件均处于相互适应、协调与促进的动态生成过程,旨在追寻各生态主体因素和其他生态因素之间展开"自由对话"的交际田野,制造小学英语词汇教学的内在张力。

(四)协变平衡:彰显"有序健康"的和谐生态链

生态型的英语词汇教学过程应具有协变平衡的特征,彰显"有序健康"的和谐生态链。一方面,小学英语词汇教学生态链中的因子是协同变化的,具有协变性特征。协变性指教学主体和受体双方均具有的一种心理、情感和行为变化的相关特征,表现为课堂教学的协同变化和连动反应等现象。在生态英语词汇教学中,每个生态因子都会随着小学生的心理变化、学习状态、词汇语言符号、信息能量、教师的风格气质、教学的方法活动等进行变化,导致各个教学生态因子之间进行协同进化和相互影响。另一方面,生态型的小学英语词汇教学生态链中的因子又在协同进化中相互平衡。所谓平衡性,主要表现在教师与学生、教学需求与资源配置以及教学投入与教学产出之间的平衡。小学词汇教学中的各个生态因子在与教学环境的互动中形成有序的教育"生态链",词汇教学中的师生心理状态、师生人际关系、词汇板块教材、词汇教学活动、词汇教学内容等具备自身的配适位和层级,它们彼此之间相互依存、相互影响,建立起一个完整的教学生态网络系统。师生之间在生态场中展开词汇与语言信息流的交换与循环,实现学生对能源的持续不断的吸收。是以,生态型的小学英语词汇教学场中,师生为生态主体,语言素材持续通过视频、活动、教材、多媒体等方式发送词汇信息流,有效汇入学生的理解和认知图式,保持小学英语词汇信息流的畅通、稳定和有效,在"有序健康"的和谐生态链中实现词汇教学经久不衰的语言能量流动,呈现健康的样态和原有的生态特色。

三、小学英语词汇教学生态的要素分析和基本标准框架

(一)小学英语词汇教学生态的要素分析

生态主义的整体论方法并不排斥要素分析,因此在坚持整体方法论的前提下,若要进一步了解词汇教学系统,须对词汇教学系统的各生态要素展开分析。词汇教学中的生态要素就是影响词汇教学各环节的生态因子。

1. 生态客体——词汇教学环境

小学英语词汇教学系统的生态客体指的是在词汇课堂生态圈中,教学生态主体开展教学活动时所处的物质环境和非物质环境,即客体的物质环境因素和由主体派生出来的人际关系因素、制度因素、文化因素、心理因素等。教室、教具、座位布置、设备、物理环境、时空间等都是教育生态环境里的构件,具有框束和机遇功能。首先,词汇教学的课堂物质环境的布置。有学者发现教室的空间大小、座位的布局、教室的布局、班级规模和教学工具等都影响着教学生态主体的心理情绪,改变着课堂的教学质量。在小学英语词汇教学过程中,不同的词汇教学内容、词汇主题、词汇教学呈现方式等都影响着教室座位的编排、教室空间的装饰布置以及教学道具的使用,这些物理环境的布局将作为知识的载体对师生的词汇教学产生直接的影响。其次,词汇教学的非物质环境主要包括多元共生的语言环境、文化环境和心理环境。小学英语词汇教学中创设的语言环境和营造的心理精神环境也有利于语言学习者的学习需求和动机。

2. 生态主体——教师和学生

小学英语词汇教学的生态主体要素主要包括教师教的生态主体和学生学的生态主体。按照教育生态位原理,词汇教学系统中的师生具有不同的性格、能力、审美、教育背景和经验,因此他们在教学生态系统中有其独特的功能与地位。教师和学生作为生态教学系统的两个种群,包括个体、群体与多维生态因子的动态组合和互动,实现生态因子的力量波动、消长与平衡,以及能量(教学情绪和兴趣等)和物质(知识和技能等)的传递和循环等。师生生

态主体要素和环境要素、语言文本要素(教学内容)相互作用联系,并呈现互利共生的状态。一方面,学生在词汇教学中增长词汇量、提高词汇兴趣、增强词汇运用能力等;另一方面,教师在与生命体和环境互动的过程中提高了自我的生态理念、教学技能和专业成长价值。总之,师生组成的生态群落不断进行着多元、多向的联系,彼此之间形成立体多维的教学生态群落。

首先,教师生态主体。教育生态学认为,在自然界生态系统中有生产者、消费者、分解者三要素。教师对教学信息进行加工创造,是词汇教学生态系统中的主要"生产者"。英语词汇教学生态课堂注重师生之间的交往、对话、合作和共生,不同的教师的个性倾向、授课风格、人格魅力等因素会全面渗透到词汇教学中。因此,教师的生态角色也会受到词汇教学目标、词汇资源、词汇活动、词汇教学方法、学生学情等因素的制约。一方面,英语教师生态主体作为词汇教学中的组织者、引导者和协作者,其行为生态包括对词汇教学目标的设立、词汇资源的开发、词汇活动的设计与实施、词汇教学评价等,实现知识的演替与更新,并激发、创造、引领学生观察、思考、分析、判断、讨论和领悟。另一方面,教师作为生态主体圈里的动态因子,也在与学生的和谐互动依赖过程中实现生命领域的发展。

其次,学生生态主体。学生在教师有意义的指导下学习词汇,是教学生态系统主要的"消费者"。学生生态主体之间是最活跃的群体,学生生态主体之间能够进行创造性的能量流动、物质循环和信息传递,使词汇教学生态中的各生态因子相互达到高度适应、协调和一体的理想状态。在生态化教学中,学生作为"消费者",学习词汇文化知识和语言技能、发展词汇运用能力,并获得这些有形和无形的"物质营养"。从生态系统的层次来看,不同的学生个体以及学生群体也处于不同的生态位,构成了差异化的生态群体。词汇教学以"语言义本"作为信息流中介,不同的学习生态群体对于语言知识和信息资源的获取和吸收能力不同,这也导致学生个体与个体之间、学生群体和学生群体之间自动组成了生态群落。课堂中不同学生的词汇学习策略、词汇学习兴趣、词汇的表达运用能力、词汇的学习能力不同,因此学生参与词汇课堂的频率、注意力、小组活动的表现和资源的利用程度都不一样。生态化词汇课堂是以学论教的课堂,注意学生是兼顾自然属性和文化属性的个体的和谐共生,实现学生在生态自然状态的环境中自发地生成。

(二)小学英语词汇教学生态的基本标准

小学英语词汇教学生态的基本标准是开展小学词汇教学生态现状考察和生态教学策略的主要依据,通过基本标准可以检测小学英语词汇教学存在哪些生态现象与非生态现象,从科学的维度划分探测其教学非生态的背后缘由。通过对小学英语词汇教学生态要素的分析,生态化词汇教学的基本标准可以从词汇教学主体、词汇教学环境以及其相互关联等维度制定指标内容和描述性要点,本文主要借鉴了杜亚丽博士论文中的构建的"小学生态课堂基本标准框架"以及康淑敏《教育生态视域下的外语教学设计》中的外语设计框架模型,改编而成了小学词汇教学生态的基本标准框架。

第四节 教育生态学视角下小学英语词汇教学的实践策略

教育生态学视角下的小学英语词汇教学就是要打造"教师、学生、语言、环境"共生态下的词汇习得生态系统。词汇教学生态系统中应创设"身临其境"的情境和"学以致用"的学习生活，在潜移默化中逐渐让学生明晰词汇的字音、字形、语义范畴、意义，包括词汇与认知语境之间的关系，引导学生在真实的体验与实践中自然而然地习得词汇知识，于交际语篇中自由运用词汇进行表达。基于生态育人、素养导向、学习中心的价值取向，小学英语词汇教学应顺应"学"之逻辑，厘清自身受限的生态要素，从词汇教学理念、词汇语境的创设、词汇资源的创生、词汇方法的建构和词汇效果的检测等方面构建立体的、动态的、健康的词汇教学生态系统，实现语言知识流、能量流、信息流的可持续运转，最终提高生态型词汇学习质量。由于时间和条件有限，无法通过实验对词汇教学的实践策略进行有效性验证，因此，笔者主要结合上述调查中词汇教学存在的非生态问题维度，选取了湖州市优秀英语教师和名师词汇教学片断中存在的教育生态学理论缩影作为策略的论据，提出了相应的生态型词汇教学策略。

一、立足生态哲学思维，树立生态型词汇教学观

生态哲学是整体论世界观。生态哲学视野认为世界不再是一台可以任意拆解和分割的机器，而是由"人—社会—自然"构成的复杂生态系统。从教育生态学视角下审视小学英语词汇教学就要立足于生态哲学思维，摒弃传统机械论坚持的主客二分原则，将小学英语词汇教学视为"环境、语言、师生主体"等生态要素构成的有机的活的整体系统，运用生态哲学的理论、方法和思维指导教学实践。因此，英语教师应立足生态哲学思维，遵循"整体关联""价值共生""动态建构"等生态型词汇教学观，分析词汇教学中存在的子系统之间的关系，克服词汇教学中存在的孤立主义取向，提高词汇学习的生态型学习质量。

（一）遵循"整体关联"的思维逻辑

"关联"逻辑以有机的、关联方式挑战学校机械的教育方式。从这一逻辑层面上来看，小学英语词汇教学中的教师、学生、教材等要素将不再被视为简单的"人"或"物"，而应作为一种关系性的存在。这些关系性的存在也构成了有机复杂的教学生态系统，生态系统内部任何一种成分的改变都会影响和波及生态系统的其他部分。小学英语词汇教学生态系统主要包括生命系统和环境系统，这两大系统中又存在着复杂的相互包容依存的子系统，每一个子系统既构成另一个子系统的部分，同时又自成整体。英语教师应从关系论、整体论的视角出发，去洞察词汇教学过程中主要的各要素关系之"变"，追寻词汇教学质量的整体叠加效应。

比如小学英语词汇教学中又存在环境系统、教学资源系统、教学过程系统、教学评价系统等子系统,他们相互组合交叉,又与教师和学生生态主体之间有着密切的关联性和丰富的互动作用。英语词汇教学中的物质、能量和信息等就是依托这些复杂关系进行循环流动的。因此,遵循"整体关联"的思维逻辑去分析这些复杂的关系亦是树立生态型词汇教学观的前提。

(二)设立"价值共生"的词汇教学目标

教育生态学视角下的小学英语词汇教学不再单一地局限于学生词汇语言知识和语言能力的习得,而是更加注重学生借助词汇学习的切口实现语言知识技能、文化知识、情感态度、人文素养等教学目标的价值共生。随着核心素养理念的深化,英语教学目标已从"学科本位"转向"核心素养本位",突显了英语教学的育人功能。语言能力、文化意识、思维品质和学习能力等四个维度的核心素养的提出,意味着小学英语词汇教学不能只关注知识语言能力的单向目标,而要透过词汇教学实现学生知识、技能、情感、态度、价值观等一体化发展的目标,关注学习者的"完整性"和"健全性"。从某种程度上来看,教育生态学折射的核心理念与核心素养目标的机理是高度一致的。因此,英语教师应遵循教育生态学的思维逻辑,树立"价值共生"的英语词汇教学目标。所谓价值共生,就是要求在设定词汇教学目标时根据教材内容具体分析灵活设定,充分把握目标的整体性、联系性,而不是割裂地来看每个核心素养目标达成的程度。

以 PEP 小学英语五年级下册 Unit 5 Whose dog is it? Part B Let's learn 部分为例撰写教学目标时,不能简单地对应语言知识、语言技能、情感态度、文化意识等设计相应的目标,而应根据词汇教学内容和特点将它们关联在一起来设计。在这一板块的语言知识能力目标设计过程中,知识与技能是需要通过教学过程,运用具体的教学方法来实现对词汇教学的内容与对象传授,而学习策略是要学生如何在真实语境中运用思维进行交流与沟通,因此可以将"学习能力""思维品质"目标融入"语言知识"和"语言能力"目标中,比如将该目标设计为"学生能够听、说、读、写现在进行时词汇,并能在图片、语篇或情境的帮助下运用新授词汇和句型描述某人/物正在干某事"。再比如,情感态度价值观目标维度也是需要在整个教学中渗透,是需要潜移默化去帮助学生建立正确的观念及态度,可以融入"学习能力""语言知识能力"目标,设计为"通过本单元的主题学习中,学生能够在体会到人与宠物和谐共处的美好情感,并能够在语言交际情境中表达出爱护小动物的美好品质"。总之,小学英语词汇教学中的目标绝不是将词汇教学的各类素养进行简单的叠加,而是在有机的整体中以动态、发展的眼光考察各目标之间的关系,培养学生在情景中独立、自主、自由地运用词汇的综合语用能力,实现价值共生。

(三)注重"动态建构"的可持续发展

教育生态学观认为,小学英语词汇教学的各生态要素都具有各自适宜的生态位,且构成相互联系的、有规律的、动态的组合,健康、生态的词汇教学生态系统会在有机的整体结构中进行意义的"动态建构"。在"动态建构"的过程中,师生置身于英语词汇学习系统的网络之中,并于动态的意义建构的过程中为儿童的英语学习赋能。由于小学英语的启蒙性特点,英语教师以核心词汇为基础,以语篇内容为载体,从单一语用句型到复杂语用表达,最后拓展至丰富的、独创的语言输出,让学生从学习单词、句型转移至在情境中感受语言、体验文化内涵、提升审美能力。换言之,小学生英语词汇学习过程中存在多要素动态融合发展的过程,即学生语言知识、学习能力、文化意识、思维品质等关键要素在融合式、螺旋式的动态关系建构中产生"质"的变化。因此,教师在词汇教学过程中,应关注到词汇教学中各要素之间存在相互依存的关系和意义,考查学生的学习过程、学习体验、学习方式、学习内容等全方位的变化,在聚焦学生学习能力、人文底蕴、责任担当、实践创新等增值发展的诉求下,共同指向"人"的完整生命、生长、生成的价值共生,在动态的意义上建构助力儿童词汇学习的"增质"。

二、突破传统空间局限,营造生态型词汇教学环境

生态心理学创始人 Gibson 认为,环境因素可以直接给人的感知和行动提供认知给养。环境是"给养供应处",在给养充足的环境中学习者有更多的机会从使用语言中获益。小学英语词汇教学环境主要分为物质环境和非物质环境,其中物质环境是由课堂中客观实在的,看得见又摸得着的硬件设施组成的;非物质环境是一种看不见、摸不着的无形环境。小学英语词汇教学作为微观的教育生态系统,课堂教学环境是小学英语词汇生态系统的重要构成成分,教师需要根据"生态位"原理,布置、协调好词汇教学课上的物理、语言文化、时空等环境要素,提升师生的合作与竞争、协同发展以及适应环境的能力。

(一)布置自然化的词汇学习环境

首先,教师应根据不同词汇课美化词汇教学环境的布局,科学添加与词汇教学相匹配的元素。基于教育生态学的视角和原理,布置具有词汇学习要素的自然化词汇学习环境,是营造生态型词汇教学环境的首要前提。在小学英语词汇教学中,柔和的光线、整洁的教室装扮、实物的陈列等都能够营造浓厚的学习文化氛围,让学生在"此时无声胜有声"的境界中自然习得。英语教师可以在教室内开设英语书籍和报刊专栏,布置或陈列一些英语绘本、词汇卡片、单词读物、学生词汇作品集等,配合英语词汇学习所在的单元主题制作成英语黑板报,为学生的词汇学习提供自然的习得环境。此外,英语教师还可以在教室设置英语角,定期开展英语角活动,供学生在良好的语言环境中接触、积累大量的词汇,潜移默化地培养学生随时随地学习运用词汇的良好习惯。

其次,根据小学英语词汇教学的特点灵活编排座位布局。国外教育生态学的研究者在早期就研究过座位编排布局对学习者的学习的影响。通过研究发现,座位与人格心智之间存在相关性联系,如坐在前面的学生通常更具有依赖性,喜欢追求挑战或者特别用功。如赫博和沃博格发现,喜欢坐在前面的学生对学校或对自己的能力持有非常积极的态度。然而

在实地调查过程中,笔者却发现小学英语词汇教学中还是采取最为普遍的"秧田式"座位编排模式。这种行列插秧式的座位布局虽沿袭了传统的班级授课制的维持教学秩序、大面积授课等优势,但也容易束缚学生个体词汇学习的活动空间,遏制学生创造力和实践能力。因此,小学英语教师应针对不同课型的词汇板块的情境和学生的认知特性,把握好词汇的语言知识和重难点,改变单一的座位编排模式,编排适应的圆形、马蹄形、组块型、扇面式、对列式等多种形式。以六年级上册 Unit1 How can I get there? Part B Let's learn 板块的词汇教学为例。该单元词汇板块的话题是"问路",重点在于帮助学生在语境中运用重点词汇和核心句型来问路和指路。然在实际操作过程中,由于学生对方向的感知较为薄弱,笔者发现学生受限于"秧田式"的座位很难对方向有真实的体验和感受,左右生活方向场景容易混淆。因此,教师可以提前在课前考察教学场地,根据教室的座位编排成为分列式的或者环形的模式,利用空间布局将教室布局为马路、车道、人行道,贴上车道和信号标,实现场景的真实再现。教师可以从板块文本中挖掘相关信息,然后实地贴上左右车道,贴上"leftside"和"right side",做好交通箭头路标"turn left""turn right""go straight",设计成外语情境的交通场景,提前做好道具进行演示。如此,灵活、开放的与教学设计和实施的活动相匹配的桌椅摆放,能够使学生在开放的活动空间中更好地理解、感知新授单词"turn left""turn right""go straight"的含义,有利于学生在真实的生活体验和表达中对路线方向有更好的感知。

（二）创设真实完整的语言文化环境

词汇是语言的建筑材料,是能够独立运用的最小语言单位,也是人们交流沟通、获取信息的工具。词汇和语境是相互依存、紧密相连的。英语词汇教学大多通过综合英语课来进行,综合英语课中重点词或词组的意义、用法、搭配等进行讲解。教育生态视角下的小学英语词汇教学强调词汇教学的整体性,注重小学生在语言环境中的词汇量积累、词性的感知、词义的理解以及词汇的运用能力。也就是说,生态观指导下的小学英语词汇教学不再是一步到位式教学,即一个一个教单词或者教一个放一个,而是与语音、语法、文本材料、文化知识等形成的语言环境不可分割,且依存于听、说、读、写等四种言语交际活动载体之中。生态型的词汇教学就是要为学习者提供有意义的词汇教学语境,让学生在语言文化环境中习得、积累词汇。是以,教师在执教时应注重词汇学习的语境关联意识,结合话题整体创设相关的语境,真正达到"词为句用,句为篇用"。

以四年级上册 Unit 5 Dinner's ready Part B Let's learn 为例,教师可以利用本单元的"家庭日常晚餐、餐馆就餐、家中款待朋友"等系列语境,创设大单元整体语境"Dinner Time",并以购买蔬菜—制作蔬菜沙拉—食用蔬菜沙拉"等步骤串联小语境。英语教师在教学过程中可以充分挖掘和运用这条语境线索,通过购买蔬菜将 Part A Let's learn 前面的单词和句型复现,再设计一起制作蔬菜沙拉的小情境呈现任务表格,抛出问题"What do they need?",让学生听录音选择他们制作过程中所需的食物制作用具,如此学生就能够在文本语篇语境中初步感知餐具单词"knife, fork, spoon, bowl"的使用意义,丰富教学的连贯性和语境的完整性。

学生选完答案以后,教师通过呈现音频的文本语篇核对,引导学生填写横线的单词并学习"knife, fork, spoon, bowl"单词的音、形、义,学生在完整的语境中联系已有的认知水平和生活经验,就能够分辨词汇的音、形、义音、形、义等。之后,教师继续在大单元整体语境"Dinner Time"中设计用餐场景,帮助学生感知、理解其他词汇和句型的语义及语用情境,让学生能够在语言文化环境中真正地运用这些词汇展开交际和表达,以真实语境、真实语义推动真实语言运用活动。

总之,生态型的小学英语词汇教学关注课堂主题语境下小学生语言交际功能的培养,通过创设整体有意义的语言环境,对教学主题进行适当的拓展和延伸,使学生在真实的生活语境中独立、自主、自由地运用表达词汇,实现自然的、真实的语用。

(三)打造"沉浸式"的虚实结合空间

生态型的小学英语词汇教学不仅要注重物理环境和非物理环境的布局,还应将实体空间与虚拟空间进行结合,延伸浸润教学环境。基于"互联网+"和人工智能的时代背景下,信息技术为外语教学提供了便利的认知工具和辅助手段。教师可以利用信息的承载形式如文字、声音、图形、影像等,创设词汇教学的"沉浸式"情景,把课程内容的难点和筛选的附加内容加工成多媒体教学资源,如PPT、视频等。互联网技术的应用助推着新型小学英语词汇教学空间的创建以及网络空间的搭建。电子信息化时代,小学英语可以利用信息技术搭建词汇学习者的个性化学习需求,构建可重构、可连接、可记录、可兼容的新型虚实结合空间,利用投影仪、白板、之江汇授课助手、希沃白板、平板(移动终端)等多媒体设备及技术,创设"沉浸式"的人机互动空间。比如教师可以通过对不同的词汇板块的内容进行划分,通过网络创设共学场景,建构虚拟网络空间,开设诸如"我爱记单词""单词大冲关""直播词汇课堂""同步单词微课堂"等线上学习空间,为学生提供随时随地开展浸润式的词汇学习,为学生的小组合作、动手实践、项目开展提供自由的空间和学习体验。笔者在实习期的小学就建构"蝴蝶式"英语词汇教学资源创建模型,整个英语词汇教学系统犹如一只扇动翅膀的蝴蝶,依托实体空间与虚拟空间两翼,开展教学资源创建,以达成辅助教师教学以及学生学习的目标。

三、联动多维空间场域,创建生态型词汇教学资源

根据"花盆效应"的教育生态学原理,教师通常会为词汇教学课堂设置一个"花盆",在这个特定的设计好的"花盆"环境中进行教学,这样一旦学生进入社会,他们就会发现学到的词汇知识与真实的世界格格不入。当学生词汇学习的发生受到教学资源的制约,教学资源就会限制学生学习的发展,导致精心设计的词汇课堂教学往往将学生所学到的知识与现实割裂开。为避免学习的"伪生长",教育生态学强调小学英语词汇教学应打破"花盆效应",联动

多维空间场域,让众多学习者在这个过程中成为知识资源的生产者,根据话题与主题词汇创生态型词汇教学资源,以情境性、趣味性、匹配性等为资料搜寻原则进行资源补充与整理,形成丰富的词汇教学资源库。

(一)整合教材文本资源

教育生态学强调教育体系之中的"关系"变化。从教育生态学的视角来看小学英语词汇教学,师生与文本的关系不再单向地看成是教师对教材资源的处理、运用和设计,而是师生与文本之间的知识信息流的多维空间的关系互动。师生主体与教学资源的关系主要表现在:教师与学生都是教学资源的生产者与消费者,师生共同创新教学资源,受惠于教学资源,从而获取、吸纳、内化教学资源中的知识营养,形成双向互利的学习关系文化。

其一,整合板块中的文本资源。人教版小学英语教材在内容编排和设计上存在交叉、重复等现象,其每个单元划分为3个板块,板块中主要有对话课、词汇课、语音课、阅读课、故事教学等课型。各板块之间的编排有着紧密的联系,这些特点可以帮助词汇教学整合单元板块之中涉及到有用资源,活用教材文本资源。比如前两个板块的词汇和句型内容有互通性,对话课中将近70%至80%的单词都是词汇课的新授单词。面临有限的词汇文本,教师在教学词汇课时,可以把前一课中涉及的词汇和句型融入该课时的词汇教学中,通过对第一课时的文本进行再构,链接到第二课时的目标词汇,让学生在系统化、整体中感知文本、获取知识信息、提升语用能力。因此,英语教师要精准把握人教版教材各板块之间的联系,结合单元小话题整体设计词汇教学,加强各板块之间的联系,统筹各课时、各单元的教学文本资源。

其二,融合不同年级的文本资源。解读不同年级的教材是教师教学的必备环节。对不同年级教材词汇板块编排的特点进行整合、筛选、补充、替换、扩展以及创造性使用,是师生与文本展开对话和互动的前提。三年级至六年级小学英语词汇教学板块的编排呈现螺旋式的特点,这些特点为不同年级的教材文本信息的资源融合提供了很好的思路。

其三,挖掘文本跨学科知识资源。人教版PEP小学英语教材的一个显著的特点在于其图文并茂,既提供了内容多样、贴近生活的语言文本语篇,又配以色彩丰富、意蕴丰富的文本插图。在词汇板块中,文本语篇、插图、习题等都蕴含着丰富的跨学科知识信息资源,如德育、爱国教育、美育、文化教育、劳动教育等教学资源,在词汇教学中借助这些资源帮助学生培养助人为乐的美好品质、保护环境的美好情怀、增强文化自信的情感认同、遵守礼仪规范等。一方面,就文本语篇的资源而言,教师应整体把握语篇的内涵与结构,探求语篇语境下的跨学科知识资源,拓展学生的思维能力,陶冶学生的人文情操。

(二)合理利用数字化资源

数字化资源是指由文字、声音、图形、图像等多形态集成的图文并茂的电子信息素材,为外语教学资源的建设与共享提供了良好的条件和基础。"互联网+"背景下,信息技术和互联网平台成为英语课堂生态系统另外一个重要因子。据调查,"互联网+"给英语教学带来了丰富的学习资源库,国际互联网上的英语信息高达90%以上。小学英语词汇教学不仅要教材中可利用的资源,而且要走出教材资源,创新学习资源,把学生引向更为广阔的空间。教师在上词汇课时不仅要积极利用影像资源、超文本、视听资料和动画素材等,给学生提供更多的丰富、真实的语言学习和体验的机会,而且要根据教学需要,从网络和视听资料中筛选适合度高的教学素材作为词汇教学的拓展和延伸,让学生通过多媒体这一渠道拓宽教学资源的创生途径。

课堂观察过程中发现,有部分英语老师能够运用电子白板、投影仪等教学设施,引入抖音、快手、微博视频、腾讯、云课堂、在线绘本等数字化资源,呈现直观形象的画面,讲解新授词汇知识、处理习题、增进学生词汇理解等,激发学生学习词汇的兴趣,降低了词汇学习理解的难度。

(三)开发课堂隐性教学资源

在深入挖掘教材文本信息和创造性使用教材的同时,教师还可以根据实际教学情况在英语词汇教学中合理开发隐性的词汇教学资源。隐性教学资源的产生取决于学习者个体的背景信息、独特的师生关系和特定的教学活动等境脉因素,教学情景形成的瞬间状态和行为、新观点、新见解等都是隐性教学资源的组成部分。英语教师一方面应善于运用教学机智,应对词汇教学中的偶发性因素能够做出敏捷的、快速的、果断的反应,灵活利用隐形资源,作为教学资源的重要来源。另一方面,教师要以宽容的态度、开放的心态为学生创设宽松愉悦的心理环境,鼓励、容纳不同学生个体在教学情境中生发的独特见解和想法,让学生在语境中能够情智交融、思维共振,在思维跳跃中突现、创生语言。

四、统整多元学习方式,构建生态型词汇教学法

生态型的词汇教学法意味着,教学不再停留于浅层次的词汇机械操练,而是正确解读基于语篇的词汇教学,运用合适的词汇教学方法和策略使词汇的无痕呈现、整体感知、深入理解、操练巩固、灵活运用形成有机的整体。语言学习效果的很大程度上依赖于所接触的语言的量和内容,因此构建生态型词汇教学法就是要遵循教育生态学中的耐度原理和最适度原理,统整多元的词汇学习方式,实现语言内容和呈现量的最适度。"耐度原理"认为教育的个体生态其承受力和耐受度是很明显的达不到或超过"度",就会产生不利的或相反的影响。词汇因自身数量庞大、语言任意等特点,导致词汇的记忆、理解、融通也总是缺少章法。同时学生的接受力、学习兴趣、注意力、学习耐度等都有一定的阈值,超过上限值或低于下限值,都会降低词汇教学和学习的效果。因此,生态型词汇教学法就要运用"适宜"的方法,合理安排词汇的呈现量、呈现的类别、活动设置的类型等,实现小学词汇教学系统的平衡和可持续发展。

(一)搭建"关联式"的词汇语义网络

从语言系统本身来说,词汇并非孤立存在,亦不会脱离语用主体的生活实践和根源性的

社会文化语境。有人认为儿童习得词汇时必须完成至少三大任务：标记任务、归类任务和网络构建任务。英语词汇必须与其他词汇关联起来才会在具体的文化语境中表达出丰富的意义，包括名词、形容词、冠词、介词之间以及词汇自身的多意义之间的复杂的网络关系。生态型词汇教学法就是要关注词汇与词汇之间错综复杂的网络关系，利用这些关系搭建"关联式"的词汇语义网络，帮助学习者建立一个词汇之间及词汇内部各义项的立体网络，形成立体的认知图式。

生态型词汇教学法还可以通过建立同一词汇在中外文化语境差异之间的语义关系网。由于中西方文化的区别，词汇的意义也往往不是一一对等的，如果学习者只是孤立地学词汇的概念性知识，忽视了词汇衍生的文化语境的知识和词汇内涵的关联，那么就会形成词汇石化现象。

（二）形成"模块式"的词汇呈现方式

词汇呈现的目的在于为学习者提供"可理解性输入"，词汇呈现的方式对于学生学习词汇的量和词汇概念网络的建立息息相关。教师在明确以及搭建词汇与词汇之间的关联网络之后，需要对小学英语词汇中重点和非重点的词汇进行分类、组合，通过关联组合方式将词汇梳理为不同的模块，通过"模块式"的词汇呈现方式可以更好地帮助学习者在生活实践和语言经验环境中理解词汇的知识和意义，更好地运用词汇。小学英语词汇教学的进行不是单个词汇的一一呈现、操练，而是在语篇的整体推进中呈现、复现、滚动，通过对词汇和语篇的操练，内化语言并运用到实际语言交流中，在语篇牵引的同时实现目标语言的螺旋式上升。

（三）重置"情境性"的词汇活动载体

教师在展开生态型的英语词汇教学时，需根据儿童的认知心理特点和规律、不同类型的单词难度、活动的性质与匹配度等设计适度的"情境性"语言活动任务。这些"情境性"语言活动任务能够与学生的认知结构搭建良好的关系，学生不断地在活动中有意义地认词、辨音、拼写和运用，促进学生"螺旋式"的词汇学习过程。目前小学英语词汇教学中设置的词汇活动载体大多是为了词汇的操练和熟记，为语言知识操练服务，忽视了词汇活动在具体情境和语境中设置的意义。有些英语教师在实施过程中将任务活动作为形式模板套入教学，调查中也显示2人一组的活动较多，忽略了不同学生生态位的差异性。因此，根据耐度和最适度原则，英语教师要聚焦能够激发学生智慧的挑战，按照组内异质，组间同质的原则划分小组人数，为学生巧设适宜数量和难度的"情境化"的教学任务，如设置一些小组活动（group work）、对子活动（pair work），制订任务计划、开展任务活动。

"情境化"的多元个性化教学任务就是在教育生态学的关联思想中，利用教学活动与情境下学生的心理建构和文化活动紧密结合，在"语篇与词汇、功能与结构、话题和意义"的共生之中实现学生语言表达和思维拓展空间。总之，英语教师所设计的游戏和活动可能是有情境、有意义的语用活动,而不是为了游戏而游戏,为了活动而活动。教师在设计不同词汇课时的教学任务时,应充当组织者、帮助者、促进者、引导者等角色,关注本单元的主题情境,聚焦每个活动之间是否有衔接、有层次、有变化,重置"情境性"的词汇活动载体,在活动情境中高效巩固词汇,拓展学生语言的学用空间,培养学生的综合语言运用能力。

参考文献

[1]叶莲芳.小学英语课堂教学的20个细节[M].南京:南京师范大学出版社,2016.06.

[2]刘虹.新课程与中小学英语课堂教学[M].大连:辽宁师范大学出版社,2015.03.

[3]余慧,张弛,鞠衍萍.小学英语课堂教学实践研究[M].青岛:中国海洋大学出版社,2015.11.

[4]施嘉平.小学英语课堂教学设计[M].上海:上海教育出版社,2010.12.

[5]黄一敏,胡惠闵总.小学英语课堂教学设计透视与导引[M].北京:世界图书出版公司,2010.06.

[6]胡海燕.小学英语课堂教学活动设计[M].杭州:浙江教育出版社,2010.09.

[7]鲁子问.小学英语课堂教学理论与实践[M].北京:中国电力出版社,2004.11.

[8]杨启光.小学英语课堂教学问题诊断与教学技能应用[M].北京:世界图书出版公司,2009.05.

[9]鲁宗干,唐锡玲.中小学教师继续教育用书小学英语课堂教学技能训练[M].长春:东北师范大学出版社,2000.03.

[10]顾立宁,施嘉平.小学英语新教师课堂教学指南[M].上海:上海教育出版社,2019.11.

[11]沈国锋.小学英语5C课堂教学理论与实践[M].南京:江苏凤凰美术出版社,2019.12.

[12]姚黎阳.小学英语情趣课堂教学[M].福州:福建教育出版社,2015.04.

[13]吴晓.有效教学和谐课堂小学英语[M].北京:光明日报出版社,2008.05.

[14]沈龙明,张小皖.小学英语有效教学实用课堂教学艺术[M].北京:世界图书出版公司,2009.01.

[15]杨敏.学生发展核心素养视域下的课堂教学指南小学英语[M].长春:东北师范大学出版社,2017.07.

[16]梁祝,卢福波.小学英语新课程课堂教学案例[M].广州:广东高等教育出版社,2003.09.

[17]胡海建.课堂教学小策略实用精品库小学英语[M].北京:光明日报出版社,2009.04.

[18]张柏华.新课程课堂教学技能指导与训练小学英语[M].长春:东北师范大学出版社,2009.08.

[19]袁昌寰.新课程小学英语优秀课堂教学设计[M].北京:人民教育出版社,2006.11.

[20]季正泉,彭红辉,沈杰.经典教学案例与创新课堂设计小学英语[M].北京:世界知识出版社,2006.07.

[21]李辉.小学英语课堂教学策略研究[M].长春:吉林人民出版社,2022.08.

[22]张小皖.小学英语课堂教学解读与实践[M].上海:上海科技教育出版社,2020.03.

[23]谢庆祥.中小学英语课堂教学的策略与艺术[M].合肥:黄山书社,2017.08.

[24]文小梅.小学英语课堂教学理论与实践[M].北京:首都师范大学出版社,2015.03.

[25]郑文.小学英语课堂教学设计与案例[M].杭州:浙江教育出版社,2013.08.

[26]徐向东.中小学英语课堂教学策略指导[M].北京:北京师范大学出版社,2012.07.

[27]郑文.小学英语课堂教学设计与案例英语(PEP)三年级下[M].杭州:浙江教育出版社,2014.01.

[28]李华.小学英语课堂英文歌谣教学[M].长存:东北师范大学出版社,2019.04.

[29]周广玲.农村小学英语课堂教学研究[M].北京:九州出版社,2020.04.

[30]陆艺,汤毅,何亚倩.小学英语课堂教学模式研究[M].长春:吉林大学出版社,2018.01.

[31]蔡晓霞.在小学英语课堂中培养学生阅读素养的教学实践[M].北京:经济日报出版社,2019.04.

[32]殷可嘉,柳美花.高效课堂教学技能指导小学英语[M].天津:天津教育出版社,2013.05.

[33]舒军华.中小学英语课堂教学趣味游戏大全[M].上海:上海大学出版社,2016.01.

[34]张志泉,王俊英.小学英语教学设计[M].上海:复旦大学出版社,2020.05.

[35]李炳煌.中小学课堂教学诊断[M].长沙:湖南教育出版社,2018.11.

[36]郭雅静.中小学英语教学设计研究[M].延吉:延边大学出版社,2019.05.